「超」怖い話 寅《とら》

加藤 一 編著

竹書房
怪談
文庫

※本書に登場する人物名は、様々な事情を考慮してすべて仮名にしてあります。また、作中に登場する体験者の記憶と体験当時の世相を鑑み、極力当時の様相を再現するよう心がけています。現代においては若干耳慣れない言葉・表記が登場する場合がありますが、これらは差別・侮蔑を意図する考えに基づくものではありません。

彫刻　平野太一
ドローイング　担木目鱈

巻頭言

加藤　一

我々は、もうずっと「超」怖い話を求め続けてきた。

幽霊が出る話を聞いた。書いた。

祟られる話を聞いた。書いた。

人の執着執念が、あり得ない形で悲劇をもたらす話を聞いた。当然書いた。

時に、怪談と呼んで差し支えがないのかどうか分からない話を聞くことがあった。確かに不可解である。しかし、元凶となる前日譚はなく、後日談もない。複雑な曰く因縁もない。ただただ、不可思議な話であったり、すれちがい様に切り付けられる通り魔のような話であったり。そんなとき、偉大なる先達たる歴代著者はそれぞれに指針を持って書いた。

〈我々が「超」怖い話で綴るのは、誰かが怖いと思った話だ。自身の体験を恐ろしいと感じた話者が実在し、著者がその恐ろしさに共感できたなら、それは怖い話だ。ありとあらゆる「怖い」をごった煮にしてやるのだ。タブーを定めず、基準を定めず、誰かが怖いと思って打ち明けてくれた話を我々はただ書くのだ。それが「超」怖い話だ〉

我々は怪談の虜囚である。五十巻目の「超」怖い話、始めます。

目次

3 巻頭言
6 煙のように
8 遮るもの　三題
16 あかんて
21 モノレール
28 虎よ虎よ
39 エシン
43 「蝶」怖い話
44 繋がり
55 うるさくしてごめんなさい
56 地震！　Ｐａｒｔ２
59 光ってる
61 安心してください。猫は無事です
70 小遣いを忘れずに
73 国道沿いのとある場所

81 マン・イン・ザ・ミドル
93 鳥の家
97 同じ闇を見ている
103 禁煙外来
108 闖入者
112 電子レンジは回る
116 けあらし
124 キャリーカート
132 背負子
140 往来
143 子供がいます
153 こーん、こーん
160 六〇七号室
165 二段目
173 おみくじ
179 アイツ
191 四方八方
197 お祖母ちゃん
203 朝に夕に
211 笛の音

220 あとがき

煙のように

二〇一六年の秋も深まった頃の話。

その頃、佐倉さんは千葉県内で信号機工事の警備に当たっていた。

ちょうど、とある古式ゆかしい山寺の山門の入り口に当たる場所で、如何《いかん》せん見通しが悪い。しかし県道への抜け道になっているせいで、道幅の割に意外にも交通量が多かった。

この交通量過密な交差点を捌《さば》く信号機を、全滅灯とした上で交換工事を行うのである。

当然、車の通行のほうを封じる訳にもいかないので、数人の警備員を投入しての人力の交通誘導が行われることになった。

目視と誘導灯の合図で次々に車を捌いていく他の隊員をフォローしつつ、山門の前に立っていた佐倉さんは反対方向を確認すべく振り返った。

厳かな雰囲気を漂わせる山門は、これまた苔生《こけむ》して聳《そび》え立つ巨木に囲われている。

山門を囲うように繁った木々の、その一際太い枝の上に人がいた。

白い衣に白髪頭。

加えて、風に靡《なび》くほど長く白い髭を蓄えた老人である。

その佇《たたず》まいは仙人を思わせる。

それが枝の上に座っている。

老人は、工事の様子が面白いのか、何やら楽しそうな笑みを浮かべている。

いや。あんなところに、年寄りいたか？

いつのまに、どうやって登ったのか。

山寺に続く階段から下りてきて、飛び移ったとか。いや、無理か。

いや。いやいや。あんなところにいたら、危ないのではないか。

工事と直接関係のないことではあるが、工事現場で怪我人が出たとなれば責任問題に発展するかもしれない。気付かなかったなら仕方がないが、気付いてしまった以上、注意を促す必要がある。

「お爺さん、そんなところにいたら危ないですよ」

そう声を掛けたところ、老人はニコニコと笑みを湛えたまま、煙のようにすうっと消えていった。

遮るもの　三題

「トイレに入ってたら、何処からかトイペの芯が降ってきたんですよ」

小寺さんが自宅のトイレで便座に腰掛けていたとき、それは何の前触れもなく起きた。

カコン、と乾いた音を立ててトイレットペーパーの芯が床に転がったのだ。

「見回したんですが、芯はちゃんと捨ててるし、置くような場所もなくて……」

小寺さんは上を見て、唖然としたのだという。

天井一面に、ロールから引き出されたペーパーが張りついていたからだ。

小寺さんは独り暮らしである。来客等もなく、一体誰が何の目的でそのようなことをしたかは分からない。

「いつからかも分からないんですけど……思い起こしてみれば、それから何となく換気の効きが悪くなってるかなって」

不気味ではあるが訳が分からない。小寺さん自身も、そこまでは笑い話のようにも語っていたのだが。

「その後、少しして、ドライヤーが焦げ臭いなと思ったら急に煙が出てきて……」

ドライヤーの中で何が燃えたのかは分からなかった。

それは軽く薄い紙か何かで、瞬く間に燃え尽きてしまったからだ。

「――多分、トイペだと思います」

＊

三橋さんは彼氏と一緒に夜道を歩いていた。

「映画を観終わって、一緒にコンビニに行った帰りだったんです」

ＣＳの映画チャンネルで、思ったより大作であったため深夜一時を回ってしまっていた。

いつも通り、人気《ひとけ》のない路地を通る。マンションや戸建ての間を這《は》う道である。

すると僅かに先を歩いていた三橋さんの彼氏が、突然何もないところで「おおっ」と声を上げ飛び退《の》いた。

どうしたのか訊くと、今誰かが道へ躍り出て、〝通せんぼ〟をしてからパッと消えたのだそうだ。

痩せた、小さな人影が、大きく両手を広げて立ちはだかった――と、そう早口で主張するのだが、彼女の見たところ道には野良猫一匹いない。

そもそも、彼が「飛び出してきた」と指差した場所はマンションののっぺりとしたレンガ壁で、人など出てこようはずもないのだ。

「見間違えじゃないのって笑ったんですけど、『見間違えなんてもんじゃない。足音もした』って」

彼女の耳には妙な足音など聞こえなかった。

聞こえたのはせいぜい、彼氏が振り回したコンビニ袋の『ガサガサ』という音だけ。

それから彼氏のほうは何処となく上の空で、部屋に帰ってからもずっとビールのプルタブすら自分では開けなかった。

「でも、急に何か思い出したみたいで話してくれたんです」


あれは俺だ——と、そう彼氏は語った。

聞けば子供の頃、地元に意地悪な爺さんが住んでいたのだそうだ。

「ボロい一軒家に一人で住んでて、近所でも鼻つまみ者だった。名前も知らなかったけど——俺ら近所のガキには特に意地悪で」

入り組んだ住宅地の奥、私道を通った先だったという。

何をしているのか見当も付かない老人で、時たま公園などに現れては手にした杖で子供を叩き、怒鳴るなどを繰り返していた。ゴミまで漁るとかで、大人達も関わらないようにしていた。

その老人がある日倒れた。

近所の大人達は救急車を呼ぶか、呼ぶとして誰が呼ぶか、どうやらすんなりとは決まらなかったようだ。

「かずやんって奴が、『オカンらが揉めとるで』て言うから。俺はかずやんに呼ばれて、ジジイの家まで行ったんだ」

救急車も到着していた。

友人の家の庭は、生け垣を挟んで私道に面している。その生け垣から、彼氏らは様子を窺《うかが》っていた。

ほどなく、ストレッチャーをがらがらと押しながら狭い私道を走ってくる救急隊員らが見えた。

――やるか。

――やれ。

彼氏らは目で合図し、私道へと飛び出した。

通せんぼだ。

救急隊員らは目を剥き、「退《ど》きなさい！」と叫んだ。

「当然、俺は退かされそうになった。でも必死で抵抗したよ。最後は道で横ばいになって。かずやんも手伝ってくれると思ったんだけどな。あいつは見てるだけだった」

結局、駆け付けた大人達によって彼氏は排除された。

老人は病院で息を引き取ったという。


「――反省してるの？　って聞いたけど。『全然』だって。急に思い出したって言ってたから、武勇伝にはしてなかったみたいだけど」

その件に対してどのようなお咎《とが》めかあったのか、なかったのかは不明だ。

ともあれ彼氏によれば、今本人の目の前に現れたのはそのときの自分だということになり、そうだとして何故そのようなことが起きたのかは分からなかった。

ただ。

「その後すぐ彼、事故で入院したんです。車道に飛び出して轢《ひ》かれて」

理由は不明ながら、何故か救急搬送に遅れが生じたのだという。主に言語に重い障害が残り、身体の自由も利かずリハビリ中であるという。

「何度かお見舞いには行ったんだけど、人が変わったみたいに凶暴になってて――結局そのまま」

救急搬送が遅れた原因は何だったのだろうか。

「本人は何も言わなかったから、通報した人から聞いた話ですけど。あの人、事故現場から消えてたんですって。追われるみたいに叫びながら走って逃げてたって。骨も折れてたのに」

＊

橘さんは平均よりも随分小柄な女性だ。

「結構、中学生と思われることもあるんですよ」

いちいち気にしないが、それほど悪い気もしないものだという。

ある日の夕刻、彼女が公園の横の遊歩道を歩いていたときのことだ。

突然、視界が真っ暗になった。

（――あれっ）

ひたりと両目を塞がれている皮膚感覚が襲ってきたのは、ほんの数瞬遅れてのことだ。

だ～れだ、とも言わせることもなかった。即座に、彼女は大きく身を捩ってその手を逃れる。

慌てて振り向くと、そこに男がいた。

「不思議と、距離感が掴めない感じでしたね。手が届くくらいの距離とも思えたんですけど、同時に『えっ？』って思うくらい遠くにも感じたんです」

男は、まるで彼女の左右それぞれの目に、違う距離として映るようだった。

男の口が何かを言うように動いた。

しかし遠くて、何を言おうとしたのかは分からない。非礼を詫びるようでもあり、小馬鹿にするようでもあった。

黄昏時《たそがれ》である。気が付くと周囲は薄暗くなり、街灯が点くまでには僅かに間があるようだ。

次の瞬間、男はすぐ近くに立っていた。

橘さんは恐らく半歩ほどは後退ったというが、逃げ出すことはできなかった。

「ポロシャツ姿の、中年の男です。でもおかしかったのはその人の後ろで――」

その男のすぐ後ろに、色とりどりの風船のようなものが沢山浮かんでいた。

いつからそうだったのかは分からない。現れたときには気付かなかったものだ。

その球体に紛れるように、更に空中に少女が浮かんでいた。

空に溶ける暗い紫色の服を着た、血の気のない少女だ。
男はその少女を振り仰ぎ、訊ねた。その声ははっきりと聞こえる。
『この人？』
宙に浮かんだ少女は、橘さんを見下ろしながらゆっくりと首を左右に振る。
『そっか』
二人は同時に掻き消えた。
街灯が点いて、後にはただいつもの公園の遊歩道があるだけだった。

あかんて

二〇二〇年の夏、神谷さんの夫の母——姑の三回忌だった。

が、時期がよろしくなかった。

時代を表す枕としてもはや今更感もあるが、コロナ禍の一年目の夏である。

当時、春から初夏に掛けて繰り返された大規模な自粛は、街から人の気配を消した。ワクチンは夢のまた夢で、マスクに手洗い消毒と人の密集密接を避けることという三密回避の知恵もまだ十分には浸透していなかったし、地方の影響は翌年ほどではなかった。

それでも、二〇二〇年の夏は七月後半からの第二波が始まったところだった。

肺炎になって死ぬ、人工呼吸器が足りない、年寄りが危ない。連日の報道は、そういった臨床の現場から繰り出されてくる絶望と悲鳴のようなものを連日報じていた。

神谷さん夫妻は、コロナ禍の猛威が広まりつつあった首都圏の一角である神奈川在住だったが、幸いにして感染せずに済んではいたし、その親族からもまだ罹患者《りかんしゃ》を出していなかった。

しかし、義叔父はコロナ禍以前からの呼吸器系疾患を抱えていた。

甥は奥さんが妊娠中。

その頃、夫の義弟も身体を悪くしていて、人工透析を始めるの始めないのという話が出たところだった。そこに降りかかったコロナ禍である。

亡くなった姑は、若い頃に患った結核の後遺症で長らく肺機能が低下していた。亡くなる数年前には在宅での酸素吸入が欠かせない身体となっていたことから、ＣＯＶＩＤ－19で起きるという呼吸器系疾患の苦しみについて、親族一同はそれを容易に想像できた。

不安は拭えない。

「地方はまだ大したことないかもしれないけど、首都圏はヤバい気がする。三回忌に行くとしたら、高速使って車で行くことになるだろうけど、途中、ＳＡ《サービスエリア》に立ち寄らない訳にもいかないでしょ。ＳＡで、何処から来て何処へ行くのか分からない知らない人からウイルスを拾ってくることもあるかもしれない。もしそれで、法要に来た親戚に私達が感染させてしまったら。ただでさえ、健康に問題がある人達が多いんだし、万一誰か亡くなったりしたら、私達、一生後悔すると思う」

神谷さんの心配を耳にして、夫の気持ちも揺れていた。

他ならぬ実母の三回忌である。

当初、夫の妹は「コロナなんか別に大したことない。兄さん達が来なくても三回忌はやるよ！」と息巻いていた。

しかし、親族の長老となった義叔父が決断した。

「いや。こんな折だ。無理して帰ってくることはない。死んだ人間より、生きとる人間のほうが大事やろ」

結果、義叔父の説得で三回忌法要そのものが取りやめになった。

恐らく、あの頃日本中のあちこちで見られた光景だっただろうと思う。


その年の冬は、舅《しゅうと》の十三回忌だった。

「夏にお袋の三回忌ができなかったから、せめて一緒に親父の十三回忌法要をしてやりたいんだよ」

夏は法要どころか墓参すらできなかった。線香一本もままならないのは口惜しい。

夏に猛威を揮《ふる》った第二波は、秋には大分収拾してきていた。このまま落ち着いていけば冬には収まるのではないか。

だから今度こそ、と強く期待した。

その数日後のこと。

その夜、神谷さんは寝室で、強い〈圧〉を感じて目を覚ました。

気圧、風圧、そういったものとは異なるのだが、強い存在感、圧迫感のようなものを、その身に受けている。

しかし、その圧の正体がよく分からない。

暗がりからの圧に意識を向けて集中し、ラジオのチューニングを合わせるようにする。

そこに舅がいた。

舅は、夫に向かって何かを訴えている。

『ノリ、あかん。ノリ、あかんて。ほんとあかん。あかんて』

夫の名を呼びながら、ずっとそう繰り返しているのである。

翌日、夫にそのことを話すと、

「お袋が肺できつい思いしてたの、親父はずっと傍で見てたからなあ。コロナは肺がきついっていうし義弟も心配だし、まだ無理して帰省するな、って。親父はそういうこと言いたいのかなあ」

舅は翌日も寝室に現れた。

そしてその翌日も寝室に現れ、〈ノリ、あかん。ノリ、あかんて〉と繰り返す。

舅の必死の訴えは、夫には直接届いていない。

と、そこで神谷さんは気付いた。

――あ、そうか。

お義父さんの訴えが夫に届いたことに気付いてないんだ。

神谷さんは、心の中で念じた。

〈お義父さん、ありがとうございます。御心配は、ノリさんにちゃんとお伝えしておきました。大丈夫です。分かってくれました〉

すると、このとき不意に圧が消えた。

そして暖かな笑いを孕《はら》んだ声が聞こえてきた。

「おおきにー」

関西人でもないのに口を衝《つ》いて出る舅の生前の口癖であった。

モノレール

「オメに山けっから《やるから》な、三つばかし」

そう祖父に言われたとき、宮本さんは意味が分からなかった。

「そりゃそうでしょ。いきなり山を三つもくれるって言われても……」

自分の家が山奥の土地を幾らか持っていることは知っていたが、まさか遺産相続ではなく生前贈与されるとは思ってもみなかった。

「最初は嬉しかったですね。早々に売ってしまえば楽に暮らせるんじゃないか、って」

しかし、そうは問屋が卸さない。

「貰ってみて初めて分かったんですけど。山なんて誰も買わないんですよ。特にあんな山奥、値段なんてないようなものですよ」

そう言いながら、何度も何度も頭を振った。

「まあ、それはそうとして。その貰った山の一つに、面白いものがあったんですよ」

貰った中で一番大きな山の麓から、一本のレールが頂上に向けて延びている。

その茶褐色の錆に覆われた鋼の上には、これまた錆と泥で薄汚れたディーゼルエンジン付きの台車が乗っかっている。

　大分長い間使っていないらしく、エンジンは錆び付き、動かそうとしてもウンともスンとも言わない。

「モノレールですね。ええ、農業用の。でも、この山には……」

　収穫するような作物は一切ない。また、運搬用のラック等も付いていないので、伐採用に導入したものでもなかった。

「何のために設置したのかよく分からないんで、祖父ちゃんに聞いてみたんですが」

　意外なことに、宮本さんの祖父が山の麓から頂上へ行くためだけに、このようなものを導入したとのことであった。

　しかし、これも山へ実際に登ってみて判明したことだが、頂上には何もない。

　小屋もないし、社も存在しない。実際、木々に覆われた岩だらけの何の変哲もない山、としか言いようがなかった。

「といった訳で、茸《きのこ》や山菜採りにしか使わないだろうな、なんて思っていたんですが……」

　どうやら、それも違うらしい。

　何故なら、祖父はこのモノレールには毎月一日にしか乗らなかったし、それ以外の日の利用を固く禁止していたのだ。

「理由は分からないですよ。設置した本人が何も教えてくれないんで」

家族の間でも理由が分からずに、ただ単に祖父の道楽だろう、という話になっていた。

「もちろん、道楽なんかじゃなくてそれなりの理由があるとは思うんですけど。近いうちに聞こう聞こうなんて考えていたんですが……」

急に具合が悪くなって入院した祖父は、やがて特別養護老人ホームでほぼ寝たきりの生活を送ることになってしまった。


自分の仕事が忙しくなったことも関係したのか、宮本さんもいつしか例の山のことが頭の中からすっかり消えてしまうことになる。

そして、それからおおよそ数カ月経った頃であろうか。

「山の裾辺りに畑を持っている知人が教えてくれたんですよ。あの山に、不法侵入した輩がいるって」

そいつらは、近所でも評判がよろしくない連中であった。どうやら茸か何かを採りに入山したらしかったが、そこで何かがあったらしく、這々《ほうほう》の体《てい》で下山してきたとのことであった。

「それだけなら別に目くじらを立てるようなことじゃないんで、別に構わないんですが。

あいつらの場合は……」

あることないこと吹聴して回っていたのだ。しかも宮本家の名前を出して、誹謗《ひぼう》中傷を行っているという話であった。

「何かウチに縁のあるお化けが出てきたとか、何とか。しかもウチの悪行がどうたらこうたら、って。もうそこまで言われて黙っている訳にはいかないんで」

彼は渋々警察に相談することにした。

警察も最初は面倒臭そうに聞いていたが、次第に熱心に陳情を聞いてくれるようになった。

「近所の人もウチの味方をしてくれて、全部出鱈目《でたらめ》だって言ってくれてるんですが、奴らの話す内容が少しばかり気になっちゃって……」

宮本さんは、近いうちにもう一度山に登ろうと決意した。

ある晩のこと。

仕事が終わって帰宅した宮本さんは、簡単に身支度すると、もう既にとっぷりと暗くなった山へと向かった。

もう少し早い時間に終わる予定であったが、纏まった時間が今日しか取れないことから、陽が落ちたにも拘《かかわ》らず山登りを決行することにした。

麓の空き地に車を駐めて、懐中電灯を握りしめながら歩いていると、茶褐色のレールが木々の間から垣間見えた。

と思った瞬間、宮本さんは思わず声を上げた。

「だって、ないんですよ、あるはずの台車が消えてなくなってるんです」

もちろん不審には思ったが、今はとにかく登ることにした。

当初の予定通り、レールの位置を確認しながら、それに沿ってゆっくりと登っていく。

軍手越しでも錆だらけのレールに手を触れるのは余り気持ちのいいものではなかったが、こうしている限りは道に迷うこともない。

登り始めて少し経った辺りで、レールに触れた手から微かな振動が感じられた。

突然の出来事で身体が萎縮したのか、その場で固まったように佇んでいると、耳障りな音をがなり立てながら、上方からレールを伝って降下してくる何か。

余りの驚きで、宮本さんは言葉を失った。その場から動くこともできない。

視線の先、彼の大きく見開かれた目には、とんでもないものが映り込んできた。

それは、錆と泥塗れの真っ赤な車体であった。

すっかり錆び付いて動くはずがないディーゼルエンジンをがなり立てながら、次第に近付いてくる。

「……嘘だろ……嘘だろ」

そのような言葉を壊れたように繰り返していると、更に信じられないものが彼の視界に入ってきた。

それは、台車の腰掛けに跨がった、真っ黒な人影であった。

辺りの暗闇よりもさらに漆黒の、そこそこ太めの人物の影。

それらが一体となって、一気に近付いてくる。

ひぃーーーーーっ、ひぃーーーーーーーっ、ひぃーーーーーーっ。

その影は興奮しているのか、異様な声を張り上げながら降下してきた。

そいつの発する悍《おぞ》ましい悲鳴にも似た歓声のようなものは、彼の全身を一気に総毛立たせた。

彼は全身をビクッと震わせると、レールの上に置いていた右手を咄嗟《とっさ》に引いた。

モノレールは速度を上げてそのまま麓へと向かって降下していき、やがて物音一つなくなって静寂が戻ってきた。

その頃、特養で寝ているはずの祖父の身に、異変が生じた。

介護士の目の前で彼は突然立ち上がると、いきなり叫び始めた。

「やめろっっっっ、やめろっっっっっ、やめてくれっっっっっ」

そう大声を張り上げた後でばったりと倒れ伏し、そのまま事切れてしまった。

後で聞いた話によると、祖父の死亡を宣告した老医者は、首を捻りながらこう言ったという。

「……こんな状態で大声を出したり、立てるはずないんだけどなァ」


件のモノレールは、今でも山の麓にひっそりと佇んでいる。

何事もなかったかのように、いつの間にか元の鞘《さや》に戻っていた台車も含めて。

あのようなことに遭遇したので、機会があれば宮本さんは山を手放したいのだろうと思っていたが、そうでなかった。

「あの山だけは手放しませんよ、絶対に」

彼は言う。恐らく祖父もそう願っていただろう、と。

「まあ、未だに理由は分かりませんが、自分も祖父ちゃんと同じように登ろうかと思うんですよ。月に一回、自分の足で。そうしたら、何か分かるんじゃないかって、そう思うんですよね」

虎よ虎よ

須田さんの家には、虎の牙と髭と言われるものがある。

彼女の父方の曾祖父が、若い頃に中国大陸で〈獲った〉記念の品だという。

当時の須田家は、近隣でも呼び声高い分限者《ぶげんしゃ》であった。

ところが終戦のどさくさで没落。今は中流よりも下程度になっている、らしい。


同居していた父方の祖父は虎が好きだった。

だから絵画、写真、置物など虎モチーフのものを集めていた。流石に値が張るものは一つもないが、それでもある程度金銭を使っていたようだ。

そしてテレビや映画に虎が出ると嬉しそうに声を上げる。

「虎！　虎！　やっぱり虎よ」

こんなことを口にして、子供のような顔で笑うのが常だった。

また、お酒が入って上機嫌になると、例の牙と髭を持ってくる。

小さな木箱から袱紗《ふくさ》を取り出し、中に納められた牙と髭を、須田さんに見せるのだ。

牙は黄ばんでいるが、とても大きい。子供の手だと余るほどの長さと太さがある。歯根側は途中で折られたせいか、多少研磨した痕があった。

髭は白く太く堅い。先端が細くなっている。触れた感触はナイロン製の糸のような感じだが、やはり違う。生き物の毛である感じは残っていた。

「どうだ。眞希。凄いだろう。俺の親父が獲ったんだぞ。家は分限者で、中国の大陸に行って、山一つを……」

牙と髭を仕舞った後は、須田家が如何に金持ちだったかを語り出す。

祖父の中で、自分の家が分限者だった頃の栄華の象徴が、この牙と髭なのだろう。

何度も同じ話を聞かされるので、流石に飽きる。が、それは黙っていた。

祖父がとても幸せそうだったからだ。


それから何年も過ぎ、須田さんが高校に入る年になった。

家族全員で入学やそれに伴う雑事の話をしている最中、祖父がじっと彼女の顔を見つめた。若干、睨むような目つきだった。

「――人の言うことなぞ、当てにならない」

そう言って、さめざめと泣き始めた。

両親と顔を見合わせてしまう。父親が訳を訊ねた。

祖父は、鼻を啜り上げながら口を開いた。


——戦後、没落したときだった。

須田家の人間全員一丸となって、再び栄華を取り戻そうと努力を始めた。

しかし、何をどうしても上手くいかない。

なけなしのお金を使い、民間の祈祷師を頼った。最後の手段、神頼みだった。

祈祷師はこんなことを言った。

〈この先、須田の家が寅年生まれの女児を授かれば、その子が生まれてから十年のうちに莫大な財を築ける。或いは何らかの縁で財を得られるだろう。ただし、生まれてくる子を寅年生まれにしようと策を弄してはならない。また、この話を知った人間が寅年の娘を成しても駄目だ。それで生まれても意味はない〉

祈祷師のこの話を聞いたのは、曾祖父と跡取りである祖父であった。

寅年は自分が好きな虎に関することでもあるからと、祖父はその言葉を信じた。しかし、〈この話を知った人間が子を成しても駄目だ。それで生まれても意味はない〉のだから、自分が将来寅年の子を持っても祈祷師の言う通りにはならない。

「この話は二人だけの胸に秘める。祈祷師の話は改変して、家族に伝える。つましく生きよ、日々の努力を怠るな、さすれば家は栄える。その程度にして」

曾祖父と祖父はそう示し合わせた。

だから祖父は生まれてきた須田さんの父親にすら、祈祷師の〈寅年の娘〉のことは何一つ話さなかった。当然、「お前が子を作るときは逆算して、寅年にしろ」などとも言わない。もしそんなことをしてしまえば策を弄したことになると思ったし、息子が内容を知った人間になってしまうからだ――。

「しかし、寅年の女の子が生まれて十五年経っても、何にもない」

須田家はいつ分限者へ返り咲けるのか、栄華を取り戻せるのか、そんなことを口にしながら祖父は須田さんを見つめた。

(ああ、やはり自分のことか)

この祖父の言う、寅年の女の子が自分のことだと須田さんは思い当たった。彼女は一月三十一日生まれの寅年だった。

泣き続ける祖父に掛ける言葉は見つからなかった。

虎好きの祖父は須田さんが満二十一歳になった年に亡くなった。

あの虎の牙と髭を柩《ひつぎ》の前に供えながら、翌日の火葬時に一緒に入れてやるべきか両親と相談した。

「燃やすとお祖父ちゃんに怒られそうだから、残しておいて仏壇へ供えよう」

父親の意見に従うことになった。

親族で交代しながら柩守りをしていると、従兄弟がぽつりと呟いた。

「あのさ、祖父ちゃんの顔が見えなくなるときがある」

曰く、「柩の中にある祖父の顔に目を向けると、何かグレーの靄《もや》みたいなものが掛かっている。線香か何かの煙かと周りを見ても、原因になりそうなものがない。改めて祖父を見ると、ちゃんと顔が見えた。が、同じことが度々起こる」

須田さんも柩を覗いてみたが、祖父の顔がそのままあるだけだった。従兄弟は、疲れているのかなと首を傾げた。


祖父の葬儀が終わり、四十九日も滞りなく済んだ。

仏壇に虎の牙と髭を供え、毎朝毎夕、祖父の冥福を祈った。

――が、一年ほどしたときだった。

須田さんは自室で本を読んでいた。

面白くて止め時が見当たらない。気が付けば午前二時を回っている。流石に寝なくては、と照明を消すためにベッドから床に足を落とした。

視界の端に、何かが入った。

本棚の前、そこに何かがいた。

視線を向けた瞬間、身体が飛び上がった。

死んだ祖父の姿があった。

蹲《うずくま》るようにしているが、顔だけをこちらへ向けている。

爛々《らんらん》と光る目で、じっと睨み付けていた。

何故か、衣服を一枚も着けていない。

それればかりか、全身に深い切り傷が多数走っていた。

顔と言わず、背中、脇腹、臀部《でんぶ》、見える場所は全てだ。

血は出ていない。皮や肉の断面が覗いているはずだが、そこは赤黒いだけだった。見ようによっては、横縞の柄に見えないこともなかった。

赤黒い縞は、血の気の失せたような老人の白い肌のせいで浮き上がるように目立つ。

声もなく立ちすくんでいると、祖父は消えた。

時間にしてそこまで長くない。瞬き数回程度だったと思う。

しかし、細かいところまで見えた。いや、理解できた。

スイッチを切ることすら忘れ、両親を叩き起こそうと廊下へ出る。

少し進んだ辺りで、親の寝室のドアが開いた。

父親と母親が縺《もつ》れるようにして外へ飛び出してくる。

「祖父ちゃんが出た」

一声目がそれだった。


須田さんと両親は同時に祖父の姿を見た。

全く同じ、全裸で傷だらけの姿を、だ。

化けて出るような罰当たりなことはしていない。それが何故、と家族は頭を悩ませた。

それからも祖父は偶《たま》に出てきた。大体が真夜中で、ほぼ一瞬だ。姿は変わらない。全裸で、傷だらけの姿だ。違うのは、家族それぞれ個別に目撃するようになったことだろう。

出る度に、仏壇へ行き、手を合わせて「成仏してください」と拝むのが常だった。

何度目かの目撃の後、父親がこんなことを口にした。

「ホワイトタイガーみたいに見えた」

何故そんな突飛な見え方をしたのか、父親にも分からないようで首を捻っている。白に横縞など他の動物なら、シマウマなどもいる。そもそも出てくる祖父に虎の要素は皆無だ。祖父が虎好きだったことからの連想かもしれない、と父親は苦笑いを浮かべた。

しかしここまで死んだ者が出続けると、須田さんも両親も参ってきてしまう。

仕方なく神社やお寺を頼ったが、効き目がない。対策として、祖父を見ないように早く寝る癖が家族全員に付いた。それでも出るときは勝手に目が覚める。

そんなとき、視線を廻《めぐ》らせると何処《いずこ》かでも祖父の姿が目に入るのが常だった。

そのうち、祖父の姿を目撃すると心臓が痛くなり、頭痛が始まるようになった。須田さんだけではなく、父母も同じくだった。タイミング的に寺社へお祓いに出かけて以降だったと思う。ともかく、見れば痛みを感じるという、最悪の目覚めであった。

打つ手がないまま困り果てている最中、須田さんが誕生日を迎える前日だった。

その日も彼女は十一時前に就寝していた。

だが、また目が覚めた。

(またお祖父ちゃんがいるのかな)

横を見るが、姿は何処にも現れていない。しかし心臓と頭が痛む。

何故だ、と天井方向へ視線を向ける。

真っ正面、目の前に祖父の顔があった。

暗がりの中、白く浮かび上がっている。

傷だらけの顔面で、じっと須田さんを睨み付けていた。高校入学前のあの日に見せた表情そっくりだった。

その瞬間、手が出た。が、掌は空を切り、祖父は消え失せた。


祖父が現れ始めて一年が過ぎた。須田さんは二十三歳になった。

頻度は下がったが、今もごく稀に祖父が出ることがある。見るとやはり心臓と頭が痛むが、それは僅かな物へと変わっていた。眼前に現れたのも、あの一度きりだ。

この頃になると若干の慣れとともに、親族へ話せるようになっていた。

それも例の〈寅年生まれの女児について〉や、他の色々な情報を添えて、だ。半分は愚痴だったが、皆は真剣に聞いてくれた。

そして、親族それぞれが思い思いの意見を口にする。

例の〈祖父の顔が見えなくなった〉従兄弟はこんな言葉を返した。

〈謝り続ければ、出なくなるのかな。今、頻度は下がったんでしょ?〉

叔父は無責任なことを言い放つ。

〈来年は寅年だから、親父もそれを過ぎたら出なくなるんじゃないか〉

実際に目撃していないから、こんなことが言えるのだと両親は憤慨していた。

しかし、ある親族が仮説を立てる。

〈寅年の女児が生まれたら、って話が引っかかる〉

彼女が言うには、祖父は須田さん自身を恨んでいるのではないか。

何故なら、寅年生まれの女児だと期待していた孫が生まれたのに、分限者へ返り咲けなかったのだから、と説明した。

そんなことを言われても困るし、どうしようもない。

〈だよね。あと私、ちょっと気付いたんだけど。あなたは寅年生まれの女児ではないと思うんだ。多分〉

理由は、生まれたのが一月三十一日であることだ。

新暦だと寅年だが、旧暦や立春で年が切り替わる説だと、彼女は丑年になる。

これが本当なら、いや、そもそも民間の祈祷師の言う不確実なことを信じて孫を恨むなど言語道断だと須田さんは怒った。

親族は努めて冷静に返す。

〈でも、お祖父ちゃんが言いたいことは別にあるのかもよ？〉

須田さんが結婚し、寅年の女児を生んでほしい。だからそれを伝えたくて化けて出ているのではないかと言われた。

ただ、祈祷師の言葉を信じるなら、この先、須田家に寅年の女児が生まれても莫大な財は得られない。何故なら、親族一同が、祈祷師の言ったことを知ってしまったからだ。もちろん、須田さんを含めて、である。

件の祈祷師の話を知らない人間が須田家に生まれ、更に寅年の女児を得るまで、どれくらい掛かるのだろう。


寅年の二〇二二年は、どうなるのだろうか。

須田さんは微かな不安を抱いている。


――この話を取材した日の晩、彼女はまた祖父を見た。

いつもより、少しだけ違う部分があった。

祖父は、微笑んでいた。

エシン

これは裏取りもしていないけれど、とある人が教えてくれた話がある。
この「とある人」を便宜上「江木」さんとする。
一年前に聞いた話は、以下の通りである。

――諸島が含まれている県がある。
そこに〈ある出来事にまつわる一族の末裔〉が住んでいるという。
本家と分家があるのだが、それぞれに言い伝えが残っている。
本家には〈エシンが生まれないようにせよ。生まれたら分家へ出せ〉。
分家には〈本家からエシンを受け入れたら家長は半年ほど物忌みをせよ〉。
エシンとは、その家の本家にのみ生まれる存在である。
生まれて数日で、それがエシンかどうか分かる印が出る。
だから速やかに分家へ通達する。生まれたエシンを受け入れられる家はあるか？　と。
エシンを受け入れた分家は、富み栄えると伝えられている。

ただ、受け入れ時の家長が生きている間だけであり、一代のみのことだ。
また家長が半年の物忌みを怠ると、その分家に人死にが起こる。

エシンとは何か。
それは江木さんにも分からない。
生まれると言うからその家の子なのかと思うのだが、それすら定かではない。
では家で飼っている動物の子かと言えば、それも違う。
〈ただ、エシンだ。本家の者は、エシンが生まれたらすぐに分かる〉ようだ。
伝え聞くところに寄れば〈エシンが生まれると、世の中が乱れると言われている〉。
分家へ出してもそれは覆《くつがえ》らない。
富み栄える分家は、その乱れる世の中で生きることになる。

分家筋で近年エシンに当て字を試みた人間がいる。
壊でエ。人でシン。壊人でエシン。それか恵心でエシンではないか、と推察した。
が、当て字を行った人間は寝たきりとなった。
食事中、突然奇声を上げて倒れ、そのまま――。

このような話を半分眉唾もののように教えてくれた江木さんから、久しぶりに連絡があった。別件の取材から、半年ぶりくらいだったと思う。

『ちょっと前に教えた話、エシンという名前は嘘です』

どういうことかと聞けば、本当は違う名前なのだと断言した。正式な名前は別にあり、それを最近知ったらしい。教えてもらったが、実に普通の名と漢字使いであった。

本当の名を書いて良いか訊いた。

『いや、書かないでほしい。話も要所要所はボカしつつ、自分とあの家の関係を誤魔化す。そう約束してくれたら、本に出しても良い』

実際は、かなり強い口調だった。

氏の提示した条件をクリアして書いたのが、この〈エシン〉である。


原稿を書き終える前、江木さんに電話を掛けた。

雑談の最中、氏が漏らした。

『エシンの家から、絶縁された』

だから以降の情報は得られない。
件の家に近年エシンが生まれたのかどうかも、分からない。

「蝶」怖い話

伊万里さんが臨席した、とある葬儀の最中のこと。

本堂に蝶が舞い込んできて、読経が響き渡る中をふわりふわりと舞い、焼香が終わる頃にはいなくなっていた。

お盆の頃、やはり室内に蝶が迷い込んできた。

蝶は家の中をふわりふわりと飛び、吸い込まれるように仏壇の中に入っていった。


亡くなった人の魂は蝶に乗るという。

そういえば、数年前の義父の葬儀の折、セレモニーホールの入り口に蝶ならぬ蝉がいたのを思い出した。

式典を終えてホールから出てきたところで、蝉は力尽きていた。

一年ほど先に亡くなった義母が迎えにきていたのだろうか。

人の魂が乗る虫は、選べるのだろうか。

繋がり

沢野井さんが大学生のときだった。

彼女の高校からの友人であるメイが車を買った。

専門学校を卒業した後の、親からのお祝いである。軽の新車で、ドライブレコーダーやナビまで付けている。結構高く付いたよとメイは笑っていた。


メイの就職から一年も経たない頃だ。

金曜の夜、深夜番組をやっている時間帯に通話アプリへ連絡が入った。

『○○からの夜景だよ』

メイからで、画像付きだった。

しかし、真っ黒だった。拡大しても何も見えない。

すぐに〈何にも写ってないよ。間違えた?〉と返信する。

『え? 間違えてないよ?』

沢野井さんとのトーク画面がスクリーンショットされて送られてきた。

それでは確かに夜景の写真がアップロードされている。

ピンチアウトさせてみてもおかしなところはない。

そのスクリーンショットされた画像にある写真から、メイが訪れているのが山か展望台など何処かの高所であることは何となく分かる。

『ほら、送っているでしょ？』

確かにそうだ、こちらのエラーかもしれないと返した。

『電波のせいかも。帰ったら送り直すね。でも今日は冷える、寒い！』

メイはまだ外にいるらしい。さては彼氏か気になる男性とデートでもしているのだろうか。冷やかしでこんなことを送った。

〈何？　彼氏できた？　デート？〉

すぐに既読になり、返答があった。

『違うよ。会社の同期の子。彼氏とかそんなんいないわｗｗｗ』

ネットで言う〈草〉を生やした返信とともに、メイの自撮りが送られてきた。横には派手目で可愛い女の子がいる。二人は厚着をしている感じだ。

二人の後ろは真っ黒である。多分、夜景をバックにして失敗したのだろう。

〈楽しんでるねー。でも遅いから早く帰りなよ。自分の車？〉

『うん。愛車ちゃんで来てる。ありがとー。分かった』

気を付けて、気を付ける、のやりとりで連絡を終えた。


その後、日曜の夕方に、沢野井さんの元へ連絡が入った。

メイの母親からだ。高校時代に携帯の番号を教えていた。

とはいえ、こうして電話が掛かってくるのは珍しい。

訊けば、娘の行方を知らないかという内容だった。

正直に夜景のやりとりをした後はよく分からない、会っていないと伝えた。電話の向こうから落胆した様子が伝わってくる。

同期の子を送り届けてからの足どりが分からなくなっているらしい。

現実味のない話に、頭が付いていかない。混乱していると、メイの母親が口に出した。

『警察へ届けてみるので、何かあったら協力してほしい』

了承しながら、あの日の画像を貰っていると教えた。すぐ送ってほしいと言われたので、通話アプリを登録し合い、急ぎ送信した。同期との写真と夜景だと言っていた画像の二枚が入ったスクリーンショットだ。もう一度電話を掛け直し、状況を説明した。

『同期の方が言っていた通りだ。○○へ夜景を見に行ったたって』

通信の時間帯など警察へ届けるときに役立つと、メイの母親は感謝してくれた。

それから数日後、メイの車が見つかったと彼女の母親から教えられた。

メイどころか同期の自宅とも無関係なルート上にある、公営グラウンドに併設された駐車場にあったようだ。

無料で駐車ができることと、駐めたまま数日放置される車もチラホラあったことで利用者は何の違和感も抱かなかった。パトロール中の警察官が、ナンバーや車の特徴から行方不明者の所有する車だと割り出したことで発覚したのだ。

車は白線内に綺麗に入れられており、きちんと施錠もされていた。

自宅や職場ロッカーの鍵、他のものは残されていたが、財布、スマートフォンと上着、車のリモコンキーだけがなくなっている。

ただ、車内には本人に関係しないものが二点残されていた。

少なくともメイの家や職場で使っている物ではなく、また同乗していた同期にも覚えがない代物だ。

一体何故こんな物があるのか不明であった。

当然、恋人と駆け落ちなどの説も見当される。誰も知らない相手の可能性があると示唆された。考えてみれば、働き出してからのメイの交友関係を沢野井さんは知らない。

ともかく、捜索願いの取り下げはしないままになった。

それから何の進展もなく、時間だけが過ぎていく。

メイの行方は分からない。

沢野井さんは、時々単独で彼女を探した。

メイの自宅前から例の夜景が見える○○まで辿ってみたり、○○からグラウンドの駐車場まで下ってみたりと、知り得るルート上を中心に、だ。

しかし彼女の姿は見当たらない。

この頃になっても、怪しい人物へ繋がるようなものは見つかっていないようだった。

また、防犯カメラや道路上のNシステムなどに残ったデータでも、メイと同期の子が乗っている状態しか確認できていないとも聞いた。

事件性の有無すら分からないまま時は過ぎ、季節は暑い時期を迎えた。

ふと思い付き、大学の友人に○○の夜景について訊いてみる。

メイのことは伏せ、何げない雑談を装った。それが良いと思ったからだ。

「○○？　ああ、夜景の綺麗なとこね。でも」

大学の友人は眉を顰《ひそ》め、教えてくれた。

女の子だけで行くとヤンキーに襲われる、カップルでも同じ。そういう場所だから、最近は行く人は少なくなった。

あと、○○へ行くルートで幾つか心霊スポットだと噂されているところがある。一つは○○へ上る途中の山道脇で、林の中に鬼火が出たり、女が出たりする。

女は、ヤンキーに殺され林に埋められた人だというが、そんな事件は報道されていない。でも、出るらしい。

もう一つは○○へ入る入り口付近にある照明灯下だ。ここに小学生くらいの女の子が佇んでいて、声を掛けると消える、又は、気が付くと車の後部座席に乗り込んでいて、声を掛けると消える、という話もある。

ここは十年ほど前に交通事故があったところで、女の子がひき逃げされた記録があるようだ。女の子は自分を撥ねた車を探しているのだと、まことしやかに囁かれていた。

更に○○から下った場所で、南北に延びる長くまっすぐな道路がある。

最近、ここに二人連れの女の幽霊が出るという噂がある。

遅い時間、トボトボ肩を寄せ合って歩いているので、困ったことでもあったのかと声を掛けると消える。或いは、何度通り過ぎても進行方向に繰り返し現れる——。

「へえー。そんな話があるんだ」

「うん。二人連れのなんて、ホントにここ最近の話だって。私の友達の妹が見たんだ」

どれもよく聞く話だったが、最後の二人連れの話が気になった。

調べてみると、近くに幾つか駐車場や景色の綺麗な場所があり、少し前までナンパスポットになっていた。が、数年前から夜は施錠されるようになり、人が集まることはなくなっている。防犯対策らしい。実際に足を伸ばしてみたが、駐車場などが開放されるのは日中のみである旨が書かれた看板が立てられていた。


メイが見つからないまま八月を迎えた。

ある寝苦しい晩だった。どういう訳か、夜中に蝉が鳴いて煩《うるさ》かった。

エアコンを掛けたまま、眠りに落ちる。

夢を見た。しかしどんな夢か覚えていない。

目が覚める。辺りはまだ暗い。スマートフォンの着信ランプの明滅が、部屋を照らしている。寝る前は裏返していた。ランプの光は見えないはずだ。

手に取ると、電話が掛かってきていた。非通知だ。

一体誰だと思っていると、着信が入った。

また、非通知だった。咄嗟に出る。

『……』
無言だ。ああ、ただの間違い電話か、悪戯だろう。切ろうとしたとき、声が聞こえた。
慌ててスピーカー部に耳を当てる。
『……もしもし』
メイの声に聞こえた。逸《はや》る気持ちを抑えて、どちら様ですか？　と訊ねる。
『メイだよ』
やはり。納得すると同時に、ああ、彼女の家に連絡しないと、とも考えた。
それより先に、今どうしているのか、どうなっているのか訊かないといけない。
「今、何処？」
答えはない。いや、泣き声が聞こえる。啜《すす》り泣きだ。
できるだけ優しく、どうしたのと問うが返事がない。
しゃくりあげるような声の隙間を縫うように、メイの声が聞こえた。
『――で――が――だから――○○の――あああ――ああああ』
重要な部分が聞こえないことに加え、最後は意味不明なものだった。
何が言いたいのか、再度問いかけようとしたとき、電話は切れた。
そのとき、ドアをノックされた。

廊下にいたのは母親だった。

「ちょっと、こんな時間に煩いよ」

今、電話をしていたと答えれば、嘘だと否定される。

「地団駄踏むような音がずっとしてたんだけど？　それが電話のはずないでしょう？」

覚えがない。母親に言い訳をしても通じなかった。

母親が出て行った後、スマートフォンにメモを残した。

会話の内容をできるだけ詳細に、だった。

翌早朝、メイの母親へ電話を掛けた。迷惑であることは重々承知だ。それでも夜中の電話のことを少しでも早く報告したかった。

当然、驚いていた。その電話の内容を詳しく教えてくれと頼まれたので、口頭で伝える。

これで手掛かりができた、警察に教えてみるとメイの母親は喜んだ。

しかし、具体的な部分は何もない。水を差すのもよくないだろうと話を合わせていると、その流れでこんな話を始めた。

『……昨日、あの子の夢を見た』

メイが家に戻ってくる、そんな内容だ。

『ああ、あの子が戻ってきた、帰ってきたと喜んでいたら隣に寝ていた夫に起こされて』

二人同じ夢を見ていたことをそこで知った。メイの母親が暗い声を上げる。

『何かね、そのとき、もしかしたら、あの子、魂だけが帰ってきたの？　ってお父さんと話し合ったんだけど、それは違うってあの人が言うの』

——まだお盆じゃないから。死んだらあの世から戻れるのはお盆くらいだ。だから、あの子はまだ生きていると思う——。

沢野井さんはカレンダーを見た。八月十日だった。


それから、メイからの電話が真夜中に時々掛かってくる。

ひと月か二月に一度くらい、いつも同じ啜り泣く声で、非通知なのも一緒だ。

電話が来る度、沢野井さんは父親か母親から注意される。ドタバタ煩いよ、と。毎回誤魔化すのも面倒になったので正直に教えると、それから何も言わなくなった。

電話が来たら、メイの母親に必ず報告する。

その度に「こちらには、一度も掛けてこないの」と泣かれた。

ただ、電話の泣き声の途中に入る声が、不明瞭になってきた。

或いはノイズのようになることもある。

そんなとき、遠くから吹き荒ぶような風の音と、低い振動音が混じる。
何の音か分からない。

メイがいなくなって三年が過ぎた。
電話の頻度は段々下がってきた。声も虫の鳴くようなものか、ノイズになった。
それでも、メイと沢野井さんとを繋ぐものに変わりない。
日本全国での行方不明者数は年間約八万件である。
十年ほど横ばいの数字だが、八から九割の人が見つかっている。
それでも見つからない人はいるのだと、沢野井さんは静かに言った。

うるさくしてごめんなさい

実家の仏間で、甥っ子達が遊んでいた。

随分と騒がしくしていたようで、

「うるさいっ！」

と一喝された。

甥っ子達によると、叱り飛ばしてきたのは仏間に飾られていた和紙人形だという。

地震！　Part2

「この間の地震、大丈夫でした？」

気軽にそう聞いたところ、安達さんは「それな」と重く頷く。

安達さんの家辺りでは震度五強の揺れがあったそうだから、マンションの十四階ともなればかなりの揺れになる。

「久しぶりに家の中、滅茶苦茶になったよ」

確か彼は、リビングルームの大きな水槽で熱帯魚を飼っていたはずだ。

水槽は大丈夫だったかと訊ねると、安達さんは「それがさぁ」と言い淀んだ。


揺れが始まったとき、安達さんははっきりと〈これは大きくなる〉と直感した。

その直後、その予感を裏付けるようにスマホのアラームが鳴り始める。

時間も時間であったから、火の始末は問題ない。

念のためキッチンを覗いてからリビングへ向き直ろうとしたとき、揺れが突然大きくなった。

「グラァッ！　ってくるもんだから、俺もよろけながらリビングを通って――」


棚がぐらりと傾く。

棚そのものは突っ張り棒があったので倒れはしなかったが、中のものが飛び出してきた。

ぶらりと何かが目の前を横切る。

彼は咄嗟にそれを肘で押し退け、水槽へと走った。水槽まではものの三、四歩。一も二もなく飛びついた。

既に水面は大きく上下して、水がだばだばと溢れていた。

小舟のような揺れに合わせて安達さんも頭から水をかぶり、鮮やかなプラティがリビングの床に投げ出される。

早く収まってくれ、と彼は祈る。

祈りながら、視線は床の熱帯魚を追う。水槽を押さえる両腕を、肩、背中と入れ替えながら背後を振り向く。びちびちと飛び跳ねながら離れてゆく赤いプラティの上――そこを見て、彼は思わず目を剥いた。

後ろ三、四歩のところだ。

水槽を押さえながら振り向いたそこに、天井からぶら下がるようにして揺れている女がいた。

(は——はぁ⁉)

上半身のみ——その女の両目は、はっきりと見開かれてこちらを視ている。

今になってみればはっきりと分かる。さっき自分の前を横切り、思わず肘で押し退けたのは、天井からぶら下がり出たその女だったのだ。

(誰だお前、誰だ)

その女は天井から生えた腰から指先まで真っ黒なのに、白目だけが異様に真っ白だった。

地震の大きな揺れに合わせてぶらぶらと揺れ続ける。

安達さんは必死に水槽を押さえ、あふれ出す水でびしょびしょになりながら、天井からぶら下がる女の上半身と対峙していた。

「がしゃんがしゃんって、あっちこっちから倒れる音がしてさ——」

やがて揺れは収まった。

彼は水槽を守り抜き、揺れが収まると同時に、いつの間にか女の姿もなくなっていたという。

光ってる

伊万里さんの実家の庭には、蜜柑の木があった。

この蜜柑の木が、夜になると光る。

正確には蜜柑の木そのものが光っている訳ではなくて、蜜柑の木の近くが光っている。

大きさで言えば、ちょうど人間一人分くらいの大きさの楕円形の光。

何かが発光しているということは分かるのだが、目を凝《こ》らしても何が光っているのかがよく分からない。何処からか明かりを照らされている訳でもない。

「光ってる？」

「光ってるねえ」

この発光が、家族全員に目撃されている。

一過性の怪現象ではない。大体夜二十三時を過ぎた頃になると光り始める。

一度だけ、妹が光でないものを目撃した。

「人が蹲《うずくま》ってた！」

いつもの時間、いつもの庭先に〈人間〉がいたという。

それは件《くだん》の蜜柑の木の近くであったらしく、家族全員があの楕円形の光との関連を想像したが、仔細は杳《よう》として知れなかった。

何より、家族の誰もがそれが光っている間、蜜柑の木に近寄ろうとも確かめようともしなかった。

楕円の光は、それ以降も伊万里さんが実家で暮らしていた間、ほぼずっと光っていた。


「そういえば――」

伊万里さんが今住んでいる部屋も光るらしい。

寝室の物入れの上に天袋があるのだが、その天袋の襖が光る。

おおよそハガキ大の大きさの光である。

室内に光源はなく、外から光が差し込んでいる訳でもない。

懐中電灯か何か、光る装置の類でもあっただろうかと思ったのだが、心当たりがない。

念のため、と天袋の中を確かめてもやはり何もない。

ところが、どういう訳なのかやはり夜になると天袋の襖が光る。

「特に怖くはなかったので、放置してたらそのうち光らなくなったからいいかなって」

そこであと一歩踏み込まないのが、平穏を失わない生き方のコツかな、と思われた。

安心してください。猫は無事です

「……むく太郎がね。煩かったんですよ、毎晩毎晩」

すっかり生気を失った表情をして、山村さんはしかめっ面をしながら、ぼそりと呟いた。

後ろで一括りに結んである髪の毛には白い物がかなりの割合で混じっており、脂っぽい光沢を放っている。

色褪せたカーディガンは所々綻びており、白いシャツも黄ばみが激しい。

ちなみにむく太郎とは彼女の愛猫の名前であり、長い毛が特徴のペルシャの血が入ったミックスであった。

「ほんと、夜中に煩いのなんのって。あんなふうに鳴く子じゃなかったのに」

山村さんは夫と義母の三人で、こぢんまりとした洒落た一軒家で暮らしていた。

二人で必死に働いたせいか、ローンは大分前に終了していたので、今後の憂いは比較的少なかった。

夫婦は子供がいなかったせいもあったのか、猫を溺愛していた。

そのような、めったに悪さをしない大人しい愛猫が、突然豹変したのである。

それは、いつも通り山村さん一家が寝床に就こうとしたときのこと。

普段は殆ど鳴かない猫が、突然庭に向かってけたたましく鳴き始めたのだ。

「ホント、凄かったのよ。ドラ猫の大将みたいな大きな声で鳴いちゃって……」

そのような愛猫の奇行に、山村さん一家は困り果てた。

初めのうちは何かしらの病気の前兆かと考えて獣医に診てもらったが、何処にも異常は見当たらなかった。

「……うーん、何なんでしょうね。性格、ですかね」

獣医のその言葉には、自信の欠片も感じることはできない。

ちなみに、むく太郎は生後六カ月で去勢しているため、今まで発情期が来たことはない。

もちろん庭に何らかの生き物が現れて興奮した可能性は捨てきれないが、その姿は誰も見ていない。

「まあ、様子を見るしかできなかったんですけどね」

有り難いことに、愛猫の異常はほんの数日で収まることになる。


それから間もなくのこと。

山村家に、違う異変が起き始めた。

異変と言っても、もちろんはっきりとしたものではない。

最初に気が付いたのは、とにかく食べ物が腐る、といったことであった。

朝ご飯の残り物が、夕方には見事に酸っぱい香りを放っている。

昼に作った味噌汁の表面に、夜には白っぽい膜が張っている。

もちろん、稼働している冷蔵庫の中で、である。たとえ冷蔵していなくても、季節は早春。一日も経たずに腐るような気温ではない。

山村さんは生け花が好きでよく飾っていたが、それすらも一日持たない。

また、家鳴りが異様に多くなった。更に、明らかに物の位置が変わっていることが頻繁に起こるようになった。座椅子の脇に置いたはずのテレビのリモコンがいつの間にかなくなって、洗面所にあるはずの剃刀《かみそり》と入れ替わっている、など。

それに類することが、しょっちゅう起き始めた。

「……それだけだったら、誰かがやったかもしれないじゃないですか。でも、あんなモノまで家の中に出ちゃうと」

最初にソレを目撃したのは、旦那さんと義母だった。

山村さんが廊下にある愛猫のトイレ掃除をしていると、居間から悲鳴のような声の後に、どすどすと床の上で地団駄を踏むような音が聞こえてきた。

トイレ掃除そっちのけで居間に駆け付けると、そこには床に這い蹲《つくば》って四本足で何かから逃げ惑う義母と、見えない何かに拳で攻撃を繰り広げている旦那の姿があった。

取り急ぎ二人を宥《なだ》めた後で、一体何があったのか訊ねると、信じられないような答えが返ってきた。

「テレビの裏側から、髪の長い女の顔がぬっと現れた、って言うんですよ。それでお義母さんは腰を抜かしたみたいになっちゃうし、ウチの人は頭に血が昇っちゃって。もう大変だったのよ」

その顔は暫く居間のあちらこちらを自由自在に浮遊したかと思うと、まるで彼らを嘲笑うように冷ややかな眼差しを向けて、煙のように消えてしまったという。

「その顔がね、物凄かったらしいのよ。やたら長い髪と、糸みたいな細い目、三日月みたいな口、そして……」

顔面に無数に空いた胡麻粒程度の孔。その特徴が余りにも強烈だったせいなのか、ほぼそれだけしか記憶に残らなかったようであった。


そして、翌日。

夕飯を終えて三人で寛《くつろ》いでいると、むく太郎がまたしても騒ぎ始めた。

長い尻尾を平常時の三倍くらいに膨らませ、家中を縦横無尽に走り回った。

やがて換気のために開けてあった窓に向かって全速力で駆け寄り、その勢いで網戸に体当たりして、打ち破ってしまった。

愛猫は庭の一番北側の隅で、狂ったように地面を掘り始める。

山村さんは旦那さんと二人掛かりで愛猫を取り押さえると、どうにかしてキャリーケースに閉じ込めることができた。

牙によって血だらけになった両手を気にも留めず、二人はすぐに庭の北側へと戻った。

そこは、むく太郎によって掘り返され、臙脂《えんじ》色をした布の一部が地面から薄らと頭だけを覗かせている。

山村さんはその一部をむんずと掴むと、一気に引き上げた。

「風呂敷包みが埋まっていたのよ。でも、その中身が……」

震える手で開かれたそれには、信じられないようなものが入っていた。

大量の哺乳類らしき小動物の骨と、烏《カラス》のものらしい嘴《くちばし》がぎっしりと包まれていたのだ。

更に、その中央部には古い写真が数枚。それらには同一人物らしき女性の顔が写っていたが、その顔面には無数の黒い点が見受けられる。

先ほどまで微かに聞こえてきた首螽斯《クビキリギス》の声も、いつの間にか辺りの静寂に飲み込まれている。

その静けさの中、旦那さんがぼそりと独り言を呟いた。

「ここ……土の色が……掘り起こされたばかりだったんだ、うん……」

初めは彼の独り言の意味が理解できなかったが、次第に状況がはっきりしてきた。

「ウチの人、庭いじりが趣味なのよね。暇を見つけては四六時中、土いじりばっかりしてるのよ。だから、言うことに間違いないと思うのよ」

そう言いながら、山村さんは話を続ける。

「……この件が起きる少し前なんですけど、家族三人で旅行に行ったんですよ。ええ、近場の温泉に一泊二日で。だから、そのとき……」

何者かが家の庭に侵入して、これらの不気味なものを埋めたに違いないのではないか、と考えた訳である。

しかし、その考えを旦那さんは被せ気味に否定した。

「まさか。ウチは誰かの恨みを買うようなことはしていない。近所の野良犬の仕業じゃないのか。奴ら、地面を掘って何かを埋めたりするじゃないか」

山村さんは、渋々納得することにした。長年連れ添った仲であるから、こうなってしまうと何を言っても無駄なことを理解しているのである。

夫の提案で、二人は掘り起こした薄気味悪い物体を、庭に埋め直した。

だが、翌日。山村家では更なる異変が始まった。

顔面穴だらけの女の首は、ほぼ毎日のように現れるようになってしまったのだ。

それに加えて、その女のものらしき、穴だらけの手首まで床を這っているところも度々目撃された。

家鳴りも悪化の一途を辿り、とにかく家中の物がおかしな場所に置かれるようになった。

食べ物の腐敗する速度もより激しくなってゆき、買ったばかりの野菜や果物が数時間でどす黒く変色することも多々あった。

家中のあちこちで意味不明な悲鳴や笑い声が響き渡り、どうしようもない程の悪意を感じてしまう。

やがて、義母の調子が精神的にも肉体的にも悪化していき、山村さん夫婦も悪い流れに巻き込まれてしまい、喧嘩ばかりするようになっていった。

「それからすぐでしたね。義母が亡くなったのは……」

数日後、山村さんの義母は、近所の公園で変わり果てた姿になっているところを通行人に発見された。

状況から自然死と判断され、検死結果でも心不全と断定されたが、山村さんはそれらを一切信じなかった。

「そりゃそうですよ。心不全で苦しまずに安らかに逝ったのであれば、どうしてあんな表情なんですかね。あれこそ、鬼の形相よっ！」

義母の死は、旦那さんに予想以上のダメージを与えてしまったと思われる。

何故なら、義母が亡くなってから間もなく、彼は突然失踪してしまったのである。

「……笑っちゃうでしょ。ごくごくフツウの一家だと思っていたけれど、あんなものよ。ほんの一瞬で壊れてしまうほど、脆《もろ》く儚《はかな》いものだったのよ」

そう言いながら、山村さんは血走った眼で激しく嗤《わら》った。その嗤いには暗い狂気が感じられた。

少し前までは三人で幸せに暮らしていたのに、今では彼女とむく太郎だけになってしまった。

それでも、彼女なりに精一杯頑張って暮らしていた。

そしてあるとき、庭の一部に視線を遣った途端、彼女は目の前が真っ暗になった。

土の色から判断すると、またしても何者かに庭の一部が掘り返されていたのである。

「……なくなってましたね。ええ。骨も写真も何もかも、綺麗さっぱり！」

その日からだったのかどうか記憶は曖昧ではあるが、あの薄気味悪い女や家鳴りは、すっかり鳴りを潜めてしまった。

これはこれで、彼女にとって僥倖《ぎょうこう》なのかもしれない。

しかし、失ってしまった大事な人や時間は、もう二度と戻らない。

「ははっ！　もう、正直どうでもいいです。もう、何をする気にもならないし、何の希望もありません」

二人を失ってしまったことが原因だと思われるが、彼女は半ば自暴自棄になって毎日を過ごしているらしかった。

「何処か、知らない土地に行って、そこでひっそりと生きたい。むく太郎と二人っきりで暮らしたい。だから、早くこの家が売れてくれないと……」

そんなことすらも叶えてもらえないのかっ、と彼女は吐き捨てるように言った。

小遣いを忘れずに

伊万里さんが小学生の頃の話。

とある夏の夜のこと。車で少し行ったところに住む親戚の家に、急遽《きゅうきょ》用事ができたのだという。伊万里さん兄弟は「乗れ乗れ」と父の運転する車に押し込められた。助手席に母が座り、兄弟は「大人しくしてろよ」と言い含められて後部座席に座る。

降って湧いた夜のドライブは、特段理由がなくとも何かワクワクする。薄暗い街灯や、時折すれ違う対向車のヘッドライトや、車窓の外を飛び去っていく見慣れない夜の町並みに、兄弟は興奮気味だった。

と、車が路肩に停車した。親戚の家までまだ少し距離があるはずだが、両親ともに車から下りた。伊万里さん達もそれに倣《なら》って下りようとしたところ、父が言う。

「ちょっと大人だけの話があるから、子供はここで待ってろ」

どうやら、親戚とは子供には聞かせられない類の何某かの相談事があるらしい。

なるほど、子供には知られたくないが、小学生の兄弟二人に家に残して留守番をさせるのも心配だから、とりあえず連れてきてしまえ、ということか。

エアコンの効いた車内は薄暗く、まるで秘密基地の中にいるようで、これはこれでやはり興奮した。

兄弟二人で互いに脅かし合ったり、ふざけ合ったりしているうち、ふと車窓の外を見た。

辺りは静かで真っ暗。景色らしきものは何も見えないのだが、闇の中にぽつりと灯りが浮かんでいる。

駐車した車から少し離れたところに、コーラの自販機があった。

「冷えたコーラ、飲みたいな」

兄弟のどちらからともなく口を衝いて出た。

はしゃいで疲れたせいか、喉が渇いていた。

しかし、急かされて詰め込まれた急な外出である。

兄弟はどちらも小銭一つ持っていない。

「小遣い持ってくればよかったな」「そうだね」

兄弟揃って悔しがっているうちに両親が戻ってきて、一家はそのまま帰宅した。

翌朝、父が同じ親戚の家に行くと言うので、兄弟は小銭を握って付いていった。

父は、昨日と同じ路肩に車を駐めた。

「自販機があったの、確かこの先だったよな」

だが――。

そこは墓群が広がっていた。

墓石と卒塔婆《そとば》が延々連なっていたが、売店や施設のようなものは何もなく、自販機もなかった。

国道沿いのとある場所

　いつもは行き交う車で賑わうこの国道も、深夜三時にもなると交通量も極端に減って、どことなく寂しく感じられる。

　沼倉さんは何処に向かう訳でもなく、友人の川田を助手席に乗せて、北に向かって愛車の真っ赤なワゴンRを走らせていた。

「……どう、少しは落ち着いたのか?」

　川田に向かってそう問いかけるが、これといった返事が返ってくることもなく、唸り声のような生返事だけが聞こえてくる。

「まあ、アレだ。もう、忘れなよ。あんなヤツのことは、さ」

　たかが女に振られただけで、こんな状態になるとは。

　沼倉さんは頭を振りながら、友人の肩を軽く叩いた。

「な、元気出してくれよ」

　そう言いながら先に見える赤信号に備えて減速していると、左手にある異様なものが目に入ってきた。

車が近付くにつれて、その姿が次第に明らかになっていく。

「……あんなの、あそこにあったか？」

助手席で意気消沈していたはずの川田が、唐突に話しかけてきた。

沼倉さんはその変わり身に驚きながらも、どうやら酷い落ち込みからは回復しつつあるように見えたので、ほっと胸を撫で下ろした。

「昨日も通ったけど、あんなもの影も形もなかったけどなァ」

紅いワゴンRは速度を徐々に落としつつ、ゆっくりと路肩に寄りながら、止まった。

深夜以外の時間帯だったら、こんな場所に駐停車することすら敵わなかったであろう。

「うっわ、完全にイっちゃってるよ」

いつの間にか窓を開けたのか、川田が身を乗り出して、歩道に置かれているものをまじまじと見つめている。

薄ぼんやりとした街灯に照らされているのは、一目でそれと分かる見事なまでの廃車であった。

車好きならすぐに分かると思われるが、メーカーのロゴや社名があるはずのリア部分は大破していたため、彼ら二人にはどのような車種なのかさっぱり見当が付かなかった。

沼倉さんは運転席から降りると、目の前にある廃車をぐるりと見て回った。

元はグリーンのボディだったような気がするが、蓄積された泥や所々苔生しているおかげで、それすらも怪しかった。

大破しているのはリア部分だけでなく、フロント部分も相当な状態であった。

結構な速度で壁にでもぶつけたのか、運転席すれすれまでペシャンコになっていたのである。

座席の全てに付けられた——かつては真っ白だったと思われる——黄土色をしたレースのシートカバーが時代を感じさせる。

そのとき、である。

「うっ、うっ、くぅわっ！」

車内を覗き込んでいた川田が、突然素っ頓狂な声を上げた。

慌てて友人の前まで寄ってはみたものの、沼倉さんも思わず小さな悲鳴を上げた。

助手席の座席の上に、黒い縁取りに囲まれた、大分年齢の行った禿頭の男の写真が置いてある。

「い、遺影だよね、ソレ」

先ほどまでまばらに聞こえていた行き交う車の音すら聞こえなくなり、嫌な沈黙が辺りを包み込んでいる。

異常なまでの寒気が全身を一気に駆け抜けていく。

そのとき、である。

「……いってぇ……いってぇ、よぉ……いってぇ、よぉ」

恐らく年配の男性のものであろう。

大破した車内から、突然声が聞こえてきたのだ。

その声が耳に入ってくるなり、沼倉さんは脱兎の如く愛車へと逃げ込んだ。

運転席で息を切らしていると、いつの間に戻ってきたのか、助手席では川田がシートの背もたれに抱きついていている。

すると、二人を乗せたワゴンRが突如として揺れ出した。

今まで味わったことのない、強烈な横揺れであった。

時間は恐らく数十秒の揺れであったのだろうが、数分間にも匹敵するほど長く感じられた。

そして揺れが収まったかと思うと、一気に静寂が訪れた。

と、身体中に突き刺さるような視線を感じた。視線の出所がどこなのかも皆目分からない。

「……なァ、おい。コレって、アレだよね」

厭な静けさと視線に耐えられなかったのか、川田がぼそりと呟いた。

「うん。分かってる。分かってるから……」

お願いだから口に出さないでくれ。そう思って川田の言葉を制しようとしたが、無駄に終わった。

「……見られているよね、絶対に、誰かに見られているよね？」

怖い。車外に視線を向けるのが、恐ろしくて仕方がない。

何故なら、この嫌な感覚は現実であった。この感じは、絶対に。しかも一人なんかではない。十や二十の者から発せられる視線に違いない。

沼倉さんは耐えきれずに、何も言わずに愛車のエンジンを掛けると、アクセルを力一杯踏み込んだ。

ワゴンRは物凄い勢いで前輪を空転させると、ゴムの焼ける臭いを辺りに残しながら、車体を揺らせつつその場から去っていったのである。

「もう、怖くて怖くて仕方がなかったんで……」

這々の体で沼倉さんのアパートに雪崩《なだ》れ込んだ二人は、各自布団の中に入り込んで、じっと息を潜めていた。

部屋の施錠を確認してから、部屋中の灯りを点けたまま、得体の知れない何かから身を隠すことにしたのである。

二人とも、一切言葉を発しない。

もしかしたら怖くて怖くて、言葉が出なかっただけなのかもしれない。

部屋に戻ってから一時間程度は経ったであろうか。

もう、大丈夫だろう。沼倉さんがそう思った、そのとき。

――ぴんぽーーーーん。

何者かが、酷く緩慢な動作で呼び鈴を鳴らしたらしく、間の抜けたチャイムが部屋中に鳴り響いた。

だが、どちらも反応しない。あのような出来事の後に鳴るこんな時間の呼び鈴には、もはや恐怖しか感じられない。

暫しの沈黙の後、扉が軽くノックされる。

二人の身体がピクリと脈打った瞬間、今度は狂ったように扉を叩く音が聞こえてきた。

と同時に、室内の電話が鳴り響く。

沼倉さんは思わず反応して、頭から被っていた布団をするりと抜け出すと、床に置いてあった電話機に目を遣った。

ナンバーディスプレイには、「P」の文字があることから、非通知の電話である。

しかし電話は数回鳴ったかと思ったら、そのままあっけなく切れてしまった。

「……何だったんだよ、今の」

隣の布団の中から川田の歯の根も合わない声が聞こえてくる。

それが合図にでもなったのであろうか。

今度は呼び鈴が狂ったように打ち鳴らされ、扉は断続的に強い力で叩かれ、そしてまたしても電話がけたたましく鳴りだしたのである。

それらの攻撃に耐えきれなかったのか、川田が布団の中から勢いよく飛び出した。

「うっわああああああああァッ！　うっわああああああああァッ！」

悍ましい悲鳴のような声を上げながら、川田は物凄い速度で部屋の外へと消え去っていった。

「今でも信じられないんですが……」

川田はそのまま何処かへと消えた。

沼倉さんは、川田が消えた翌日に例の国道を車で通った。

しかし、昨日見かけた廃車は影も形もなくなっており、そこに車があったという僅かな痕跡すら残っていなかった。

川田の行方については御両親と警察が一生懸命捜していたようで、捜索はその後暫く続けられた。だが、失踪から七年後に失踪宣告された。

二十年以上経った今も、川田の行方は杳として知れないままだ。

マン・イン・ザ・ミドル

茂木君らがあるとき挑んだ肝試しのことだ。

「あれは――いつのときだっけかな、ちょっと分かんないっすね。俺らそんなことばっかやってたんで」

学生の暇に任せてしょっちゅう肝試しをやっていたのだという。

もう少しマシな時間の使い方はなかったのかと思うところだが、それについては聞かずとも「ま、女っすね」と短い返答を得た。

いつもは廃墟などに車を横づけして『お前、ちょっと見てこいよ』というのが専《もっぱ》らだ。

しかしこのときは美人が四人も同行していたため、彼らは工夫を凝らしたのだという。

「おもてなしっつかね。つってもその場のノリじゃないすか。そんな、斬新なアイデアも出てこなくって。隠れて脅かすってのもダルいってことで」

シンプルに、男女でペアを組んで奥で写真を撮ってくるというアイデアを採用した。

「でもっすよ。そこは一工夫ないかな～って、前もって俺とダチで下見に行ったんす。他の奴らと女の子達は車で待機ってことで」

その晩、彼らは総勢八人で車二台に分乗していた。

茂木君は友人の哲也とともに、先んじて現場となる廃墟へ下見に入った。

そこは小ぶりながらしっかりしたコンクリート二階建ての建物。落書きなども多く、荒れていた。扉も大半は外れているか元々なかったかのようだ。

それでも床や、二階への階段は何ら支障ない。

階段を上階へ上がってみると、二階の窓は殆ど割れていた。一方で落書きなどは激減して、却って綺麗とすら感じる。

余りにしっかりしているので、誰か住んでいる人間がいるのではないかと思うほどだったが、検めたところその種の危険もない。廃墟慣れした茂木君らには少々物足りなかったが、女の子を連れてくることを考えるとうってつけに思えた。

だがその直後、二階の奥の部屋で彼らは面白いものを発見した。

それは詰め襟の正装をしたマネキンだった。黒かったであろう服は埃に塗れ、色褪せていた。

彼らにはそれが神父のように見えた。

何故ここにマネキンが、と一瞬だけ意識を掠めもしたが、廃墟にあるものにいちいち理由など探していてはやっていられない。それに一階には広いスペースがあって、何かの展示場と言えばそんな気もした。

　急いで車に戻った彼らは、女性陣に聞こえないよう仲間にだけこうアイデアを話す。

『二階にさ、神父様がいるんだよ。だからさ、女の子と一緒に、その神父様の前で写メ撮ってさ。誓いとか何とか言って――』

　仲間も乗ってきた。

『いいねえそれ！　キスとかして、写メに撮って送れよ！』

　そうして彼らの意見は纏まった。


　既に夜は更けており、車道は偶にトラックが通るだけだった。

　車二台に男女四ペア。その最初のペアが出発した。最初のペアは、先ほど茂木君と下見をした哲也だった。

　少し経つと携帯が鳴り、写真の添付されたメールが届く。写真は暗く、辛うじて二人の男女と、中央にマネキンらしき人影が確認できる程度だった。

　マネキンの顔までは全く分からない。内心これではつまらないと思うのを隠し、茂木君は車中を盛り上げた。

　ややあって、騒ぎながら廃墟から駆け出してくる二人が見えた。ついさっきまで仲良く並んで写メを撮っていたはずのペアとは思えないほど、我先にと走ってくる。

二人は一度茂木君の車を通り過ぎて後ろの車にと駆け込んだが、すぐに哲也だけがこっちの車に来たので茂木君は窓を下ろした。

「茂木！　やりやがったな！　この野郎！」

開口一番、哲也は悔しそうに言う。

「マネキンの首、後ろ向けただろ！」

えっ？　と茂木君はもう一度携帯の画面に目を落とす。

その写真の顔の分からないマネキンの頭部。それは確かに、後頭部側と言われてみればそう見える。

茂木君のほうが遅れて二階から下りたが、それも哲也がほんの数歩前を歩いていただけに過ぎず、もちろん茂木君はそのような悪戯をしていない。

第一そんなことをしたら〝神父の祝福で誓いの口付け〟というコンセプトが崩れてしまうではないか。

ただ女子の手前、そこまで明け透けに言い返す訳にもいかず、茂木君は曖昧に笑って車を降りた。

次は茂木君らの番だった。

「『よっし、じゃー行きますか』って連れの子に声掛けて」

茂木君は少しも怖くなかったという。

「怖かったら普通に怖がりますよ。女の子の前でも。哲也の話をまじで聞いてたら怖かったかもしれないっすけど、写メだってはっきり写ってた訳じゃないですからね。『ふーん、言われてみればそうかもね』って感じだったし」

彼は無闇に強がるタイプではない。彼が怖くなかったというのは別段彼が豪胆だったからでもなく、それが何か恐ろしいことには結び付かなかったからだ。

下見を思い出せば明白だ。哲也の後ろを歩いていたのは自分であり、自分はマネキンの首をいじったりしていないので、首が後ろを向いているなどある訳がない。廃墟内には他に誰もいなかったのだから。

茂木君と連れの女性は廃墟内を懐中電灯の明かりを助けにして進んだ。

連れの女性はずっと怯えていて、茂木君は彼女をエスコートするのに徹していた。彼は先んじて下見に来ているのだから。

懐中電灯の光を向け「そこ足元気を付けて」と優しく言いつつ、時折「アレ、不気味じゃない？　ほら落書きとか」と脅かすことも忘れない。

彼らは二階へ上がる。

一階は外に駐めた車のヘッドライトで室内が照らされるためまだしも明るかったが、二階ではそのライトも天井にしか届かない。

「何か空気が変わった」と女性が呟いたので、茂木君も「そうそう。分かる？」と調子を合わせた。

神父の待つ部屋の前まで来ると、ドアのない入り口から覗き込んで、彼女は「誰かいる！」と小さく叫んだ。

茂木君が勿体付けて懐中電灯で照らすと、そこに神父のようなマネキンが一体あるだけ。

「マネキンだよほら」

彼女は何も言わなかった。

茂木君は先に立って部屋に入り、マネキンの前まで歩いた。

首はこちらを向いている。

(何だ、やっぱ何ともないじゃん)

彼は連れの女性を手招きした。

「――で、まぁ一応、『神父様がいるよ』って言って、誓いの何とかで～って結婚式の真似してキスしようとして嫌がられちゃって」

その子は、とてもそんなことをする気にはなれない、信じられないといった様子で取りつく島もなかった。

そこで彼はとりあえずここまで来た証拠に携帯を自分達に向けて、写メを一枚撮った。

フラッシュが光って、マネキンの顔もよく分かる。

「ちょっと待って」と女性に告げ、彼は写真を友人らにメールした。

さて戻ろうと歩き出すと、急に携帯の着信音が鳴り響く。

ギクリと足を止めた。そんなにマメに返信してくるような連中でもなかったからだ。

画面を見て、彼は少し驚く。

「『メーラーなんちゃらデーモンなんちゃら』からのメールでした。メアドが――不明だったときに来る奴っすね。それが何か、沢山来てまして」

見ると、知らないおかしなアドレスにメールを送ったことになっている。

さっき自分の送った写真も添付されていた。それを開こうか迷っているうちにまたメーラーデーモンからの通知が届く。

傍で連れの子が「どうしたの」と不安そうに言った。

茂木君が「何でもないっす」と答える間にも更にもう一通。

三人にしか送っていないはずなのに、通知はどんどん、次から次へと来た。彼は携帯をマナーモードにし、ポケットに仕舞って歩き出した。

車に戻ると、後ろの車の哲也を軽く睨み付け、車内に入る。

次に三組目が後ろの車から出発した。


「三組目ね、戻ってこないんすよ。何か妙に時間が掛かってて。外から見てるとね、偶に二階にライトの光は見えるんすけど、俺らも『何か変だな』って」


教えた通りに行けば迷うようなことはないはずだ、と彼は思っていた。

二階の廊下は一本。奥の部屋は車からは反対側になり、正しく進めば車から懐中電灯の光が見えるのは階段に出入りするときだけだ。

外から何度もその光が見えるということは、つまり何度も廊下を行き来していることになる。

突然、車の窓が叩かれた。哲也と、哲也の連れの子が立っていた。

「お前、メール無視すんなよ」

何、と思ったがどうやら自分宛てにメールが来ているらしい。

茂木君の携帯は先ほどまでバイブを続けていたが、いつの間にか電源が落ちていた。

「――ユウタから、『マネキンどこ』って鬼メール来てっけど。お前なんかした？」

ユウタは今入ってる三組目だ。

「いや、俺なんもしてないし、何かメールが変になって慌ててすぐ出てきたから――ね？」

横に座っていた茂木君とペアの子に同意を求めると、彼女も間違いないと強く、何度も頷く。

「哲也、お前こそマネキンの首になんかした？　後ろ向いてたとか言ってたけど、俺ら見たとき何ともなかったし」

「向いてたよ。写メ送ったろ」

「じゃあその後、戻した？」

そう言うと、哲也の横に立っていた子が泣きそうな顔で「ウチらそんなことしてないよ」。

その様子を前の席から見ていた四組目の子はすっかり怖じ気づいてしまっていた。

そこへ漸く三組目が戻ってきた。

「部屋全部見たけどマネキンなんかなかったぞ」

その言葉を聞いて、前の席の女の子が泣き始めた。

運転席の男が「泣かないでよ。こいつらつるんで、脅かしてるんだよ」と諭したが、女の子は「それでも厭」と泣きじゃくっている。

「そうなったらもう流石に続けらんないじゃないっすか。とりま場所変えようぜってことになったんすけど――」

哲也達も自分の車に戻ろうとしていた。

このとき、最初の組の哲也達と、合流した三組目が前の車に集まっていたことになる。

後ろの車は空っぽだったはずなのだ。

「誰かいる――」

茂木君が窓を閉めようとしたとき、外の誰かがそう言うのが聞こえた。

まさか、と振り向くと空っぽのはずの後ろの車、その後部座席の真ん中に、ちょこんと座った人影が見える。

次いで、幾つも悲鳴が上がった。車内からも車外からもだ。

茂木君は咄嗟に、携帯を取り出していた。

電源は入る。起動するとバッテリーは最後の一本で点滅していたが、一応電源は入る。

カメラを起動し、後ろの車へ向けるが——反射もあり上手く撮れない。

車外はパニックになっていた。

車の前後からボンネットを叩いたり蹴ったりする哲也達。逃げ散ったものか女性陣の姿はなかった。

ズームしても粗い人影の像が大きく引き伸ばされただけで、それが誰なのか、どんな顔をしているのか、はたまた本当に人間なのかさえ分からない。

画面の中の人影が、ゆっくりと首を回し始めたように見えた。

その瞬間、携帯の電源はまた落ちた。


「慌てて、目で、肉眼で後ろの車見たんすけどね。そのときにはもう、すっかり消えてました」

哲也達は車のドアを開け、中を調べていた。

中にいたはずの人影は、跡形もなく消えていたのだという。

「聞いたら、女の子二人はこっちの車の傍で小さくなってたそうです」

後ろの車両の男二人は、人影をかなり間近で見ていたはずなのだが。

「車内灯消えてたんで、顔までは分からなかったって言ってました。でも、どうやら男だって。オールバックなのか、こうつるんとした感じで。あっ、でも――」

マネキンなんかじゃなかったらしいっす、と茂木君は、少し自嘲気味に語った。

鳥の家

陸上自衛隊のとある駐屯地に、〈鳥の家〉と呼ばれる廃講堂があった。

駐屯地の施設としては相当に古い時代のもののようで、使用されなくなって久しいようなのだが取り壊されることもなく、かといって歴史的に貴重なものという様子でもない。

要するに、駐屯地の中にいつのものとも知れない古い廃屋が放置されていた。

〈鳥の家〉について、先輩や上官から特別な説明はなかったが、どうやら何らかの曰くがある建物らしく、「余り近寄らないように」と釘を刺されていた。

が、訓練以外、娑婆と謝絶されがちな日常を送る自衛官は刺激に飢えていた。

或いは、職業柄「恐怖に怯まぬ強い克己心」を誇りたい気持ちというものがあった。要するに、〈曰くとか廃墟とかそういう非科学的なものに恐れなど抱かない俺〉を誇示したいという点に置いて言えば、心霊スポットに突撃するヤンキーと自衛官に大きな隔たりはないのだった。


とある訓練の最中のこと。

猛者揃いであることを誇る精鋭班の隊員達が、こっそり〈鳥の家〉に忍びこんだ。

「別にどうってことはないな」

「まあ、放棄された廃屋ってだけだしな」

彼らは当時ありふれていた使い捨てのレンズ付きフィルムで、撮影を始めた。

猛者達は別に幽霊などは怖くはないが、何しろ訓練中のことである。上官にバレたら営内待機を命じられ、代休なし手当てなしで週末に外出できなくなるかもしれない、営内居住の自衛官にとっては実にリスキーな度胸試しであった。

代わる代わる互いを撮り、班員揃っての記念撮影などに一通り興じた後、バレないように訓練に戻った。


「鳥の家の写真、できてきたぞ」

まだデジカメなどない時代の話なので、写真はその場では見られず、フィルムを現像して紙焼きしたものを待たねばならなかった。

どれどれ——と覗き込んだところ、写真の殆どは失敗していた。

というか、全て精鋭班の隊員いずれかを撮影したものだ。しかし、全て使い切ったはずの二十四枚撮りフィルムのうち、見知った隊員が写っていたのは六枚だけだった。

残り十八枚には自分達は写っていないのだが、見たことのない人が写っていた。民間人ではないとは思う。少なくとも自分達の班の面々ではない。同期同僚でも上官でもない。見知った顔ではない。作業服とも野戦服とも違う。少なくとも現行服ではない。指定制服でも、演習用の野戦服でもない。

そもそも自衛官の服ではないような気がする。

というか、撮影したときその場にいたのは、精鋭班だけのはずである。知らない人以前に、それ以外は誰もいなかったのだが、実際目の前の写真には見ず知らずの人々ばかりがうようよ写っている。

烏の家をバックに七人を写した集合写真にも、見知らぬ人が三人ほど紛れ込んでいた。それぞれにポーズを取り、班の一員であるかのように自然に写っている。

班員を個別に撮った写真すら、写っていたのは班員だけではなかった。やはり、それぞれ違う人物が班員と一緒に写り込んでいる。

ピンボケだとか、半透明だとか、そういう如何にもなものではなく、そうと知らなければ、いずれもが確かにそこに誰かが存在していたとしか思えない鮮明さである。

ただ、一枚だけどうにも腑に落ちない写真があった。

烏の家に行こうと言い出した隊員に、腕が巻き付いていた。

その腕はさながらトイレットペーパーのように細長く薄く、関節の存在を無視したぺらりとしたもので、文字通り隊員の身体に巻き付けるように絡みついていた。

うっかり上官にでも訊ねようものなら訓練中の服務規程違反がバレて営内待機を命ぜられかねないので、結局烏の家で何があったのかについて知る機会はついぞなかった。

この話を取材したのが随分前で、聞いた時点で「除隊したのも随分前」ということだったので、件の〈烏の家〉は既に撤去されている可能性がある。

もし、この廃講堂〈烏の家〉というキーワードとその後に心当たりのある現職自衛官の方がいらっしゃるようであれば、巻末まで御一報いただければ幸いである。

同じ闇を見ている

夏南子さんはお祖母ちゃん子だった。

父方の祖母と一緒に暮らしていたからということもある。この祖母は、両目を失明していた。それでも簡単なことなら自分でできていたし、とても前向きな人だった。

だから、彼女は祖母と毎日楽しく言葉を交わした。

それだけではなく、幼い頃から小学校を卒業するくらいまでは、よく祖母の寝床へ潜り込んでは、物語をせがんだものだ。

「はいはい。夏南子ちゃんはホントに、昔のお話が好きだね」

祖母は不思議な話を沢山知っていた。

東北出身だったから、北のほうの話だけかと思いきや、遠い沖縄の話までレパートリーは幅広い。ただ不思議と言うだけではなく、怖いものや悲しいもの、優しい気持ちになれるものが沢山あった。

腕枕をしてもらって横向きになり、背中を軽く撫でられながらそれら夜語りを聞く。

とても幸せな時間で、二十数年経った今でも祖母の香りとともに思い出せる。

二月、とても冷え込んだ晩だった。
夏南子さんは祖母の布団にそっと入った。
来年は中学生であり、最近は余り一緒に寝ることはなかった。
ふと、何か不思議なお話が聞きたいなと思ったから、祖母の部屋を訪ねたのだ。
いつものように話を聞いていると、途中から少し声のトーンが変わった。
「夏南子ちゃん、お祖母ちゃんの秘密を話したげるから、忘れないで」
思わず身を固くしてしまう。小さく返事をするので精一杯だった。

――お祖母ちゃんは、十六のときにお祖父ちゃんと結婚した。
お祖父ちゃんは二十二歳だった。
忙しい人で、日本中を駆け回るような仕事だった。
戦後の激動の中、毎日が目まぐるしく変わっていく。
息子一人と娘二人に恵まれた頃、関東のある地域に落ち着いた。
子供達が大人になった後、それを待っていたかのようにお祖父さんは亡くなった。
一人で生きていけると思っていたが、事故で失明してしまった。

同じく関東に住む息子が一緒に暮らそうと言ってくれた。

まだ自分の子も小さく手が掛かる頃だというのに、目が見えなくなったばかりで全てが不慣れな老人を抱えるのだ。息子ばかりか、その妻であるお嫁さんの覚悟に深く感謝した――。


祖母はそこで一度話を区切った。

「ここから、少し難しい内容だから」と。


――失明した後、時々夢を見た。

目が見えていた頃の光景だ。

ああ、目が見えるというのは本当に素晴らしかったのだと改めて自覚する。

現実では全盲、医学的に言えば光を感じない。目が覚めても周りは闇だ。

不安もあった。不都合もあった。しかし生きていることが素晴らしいのだと感じてもいた。

ただ、孫が小学校に入ったくらいか。夢を見なくなった。

代わりに、目を覚ましているとき何かが〈目の前にあった〉ように見え始めた。

どう表現して良いか分からない。

とにかく、闇よりも黒く、重いものだ。

意識すると消え失せる。

それは何カ月に一度程度出てくるが、年々黒さと重さを増していった。

最近は、それが朝顔の種の形をしていることが分かった。何も見えない目に立体が捉えられているのは変だと思うが、そうなのだから仕方がない。

違うのは大きいことだ。感覚でしかないが、大人の頭くらいある。

闇の中、それよりも黒く重く、大きな朝顔の種。

しかし、今日の午後、その光景に変化が訪れた。

朝顔の種が僅かに割れているのだ。

そこから赤い汁のようなものが垂れていた。

いや。朱色か。久しく見ていなかった色に、吐き気を催した。

正確には、朱色を目にしていると気分が悪くなった、か。

突然、それが日本という国への厄災の前触れだと理解した――。

「難しいお話だったけれど、覚えておいて。そして夏南子ちゃんはお父さんとお母さんと、何があっても生きて」

真剣な祖母の願いに応えようと、夏南子さんは必死に覚えた。そして祖母の部屋に置いてある白い杖を見た。記憶は何かと紐付けするとよいと、何かで教えられていたからだ。

一所懸命な孫の気配を感じたせいか、祖母は相好を崩した。

そして、何かを思い出した様子で、ゆったりと言葉を重ね出す。

「お祖母ちゃんのお母さんも目が見えなくなったの……でも、見えない目で何かを見たらしくて……そのときは何のことかなぁって思ってた」

祖母の母親、要するに夏南子さんの曾祖母は見た物に対して、こんな言葉を残している。

〈沢山死ぬはんで、覚悟すておいで〉

そのときは何か分からなかった、もしかしたら、自分が今見ているようなものだったのではないか、ちゃんと訊いておけば良かったと祖母は声に悔しさを滲ませた。

夏南子さんは祖母の布団を出た。

部屋のドアを閉めるとき、おやすみ、と声を掛ける。

「電灯消してね」と祖母が頼む。言う通り電灯のスイッチをオフにして部屋を出た。

翌日、お祖母ちゃんは起きてこなかった。

布団の中で、冷たくなっていた。

穏やかな顔だったという。

それから長い時が流れた。

天災の他、事件事故といった人災など、日本に酷いことが起こるたびにお祖母ちゃんの言葉を思い出した。

しかし、どれがお祖母ちゃんの言っていたことに該当するか分からなかった。


夏南子さんは二十二歳のとき結婚をしたが、子供に恵まれなかった。

そして、四十を越えたときに失明した。

相手の不注意で起きた事故に巻き込まれたのだ。今は夫が傍で世話をしている。

彼女が言うには、目が見えていた頃より仲が良いらしい。

が、最近、黒く重い朝顔の種が真っ暗な視界の中に浮かび上がった。

失明から二年辺りでそれらしきものが出てきた気がしたが、勘違いだと思っていた。

時間が過ぎるにつれ、どんどん明確に、鮮明になっている。

ああ、これか、お祖母ちゃんの言っていた感覚は、と理解した。


今のところ、種に割れ目は入っていない。

禁煙外来

野川さんは長年に亘る悪癖から足を洗おうと、禁煙外来を受診することに決めた。

待合室の長椅子に腰掛けて順番を待っているが、結構混んでいるらしくなかなか順番がやってこない。

読みかけの文庫本から視線を上げて、何げなく周りを見渡してみる。

すると、同じような悩みで来ている患者達とは明らかに一線を画した、風変わりな格好をした女性のことが気になり始めた。

恐らく、精神状態に問題がある人なのであろう。

全身ピンク色のふわふわした素材のパジャマらしきもので身を包み、真っ赤な服をきた女の子をモチーフにしたぬいぐるみを、右手でしっかりと握りしめている。

格好からは相当幼く見えるが、その表情と肌の様子から察するに、恐らく三十歳は超しているると思われる。

ぼさぼさした脂っぽい長髪を振り乱しながら、三つ並んだ長椅子の間を縫うように何度も何度も徘徊していた。

「はァっはァっはァっはァ！」

薄気味の悪い笑い声のようなものが、彼女の持っているぬいぐるみから頻繁に聞こえてくる。

その度にギョッとさせられるが、周りの患者達は慣れたもので、全くと言っていいほど意に介さない。

「好奇の目でじろじろ見ないんですから、大したものだな、と」

しかし、時間が経つにつれて、その考え自体が間違っているのではないかと思われてきた。

どう考えても、おかしい。このような場所であそこまで好き勝手に振る舞われて、患者はもちろん医者や看護師が何も言わないのは絶対に変だ。

その考えに辿り着いた途端、何故か恐怖心が込みあげてきた野川さんは、思わず長椅子から立ち上がり、怯えた眼差しでその女を凝視した。

その視線に気が付いたのか、変な女は長椅子渡りを止めると、野川さんの真ん前までスタスタと近寄ってきた。

彼女の歩みとともに、人を苛立たせるために作られたような機械音声の笑い声が、待合室に響き渡る。

「ムダだよぉう、アンタ。ムダだよぉう」

青白い肌に接着剤でくっつけたかのような女の薄っぺらい紫色の唇が、ぎこちなく動くと、意外に低い声でそう言った。

「ムダだよぉう、アンタ。ムダだよぉう」

待合室から逃げようとしたが、身体が上手く動かない。

すると突然、目の前に立っている女の脇の下辺りが、真っ赤に滲んできた。

ファンシーなピンク色だったパジャマに、朱色の模様が次々にできていく。

「はアっはアっはアっはアっはア！」

ぬいぐるみの狂った笑い声が、より一層激しさを増す。

突然、女はくるりと背中を向けた。

すると、肩甲骨の下辺りから血が溢れてきたのか、こぽこぽと音を立てながら、パジャマの背中を紅に染め上げていく。

「ムダだよぉう、アンタ。ムダだよぉう」

「はアっはアっはアっはアっはア！」

その瞬間、肩甲骨から脇の下に掛けて鋭い痛みが駆け抜けていき、瞬時に息ができなくなった。

かと思うと、全身の力が一瞬で抜けていき、そのまま長椅子の上へと崩れ落ちるように、脱力して腰掛けたのである。

周りにいた患者達は一瞬だけ野川さんに視線を向けたが、すぐに興味を失ってしまったらしく、間もなく元に戻っていった。

野川さんは力ない眼差しで辺りを見渡したが、いつの間にか、あの奇妙な女の姿は何処にもなくなってしまった。

ただし、偶々《たまたま》診察室から出てきた若い看護師の一人が、出入り口付近に視線を遣った途端、瞼《まぶた》をこれでもかとばかりに大きく見開いた。

かと思うと、信じられない、といった表情を浮かべて診察室へと即座に戻っていったのである。

「……見える人と見えない人がいるって、本当だったんですね」

後で確認したところによると、彼の身体には蚯蚓《みみず》腫れのような傷がはっきりと残されていた。

それは両側の肩甲骨の下辺りから始まって、脇の下を通り、前のほうまで続いていた。

理由はさっぱり分からないし、傷痕が偶に痒くなる以外の不都合は今のところ起きていないとのことである。

「全く、アレにさえ出会わなければ、成功していたと思うんですがね」

そう言いながら、野川さんは美味そうに紫煙を燻《くゆ》らせた。

「ま、次に値上がりしたときに止めようと思ってるんですよ。ええ、スパッと」

闖入者《ちんにゅうしゃ》

健太郎君は、大学入学後初めての夏休みに帰省した。

真夏にしては過ごし易い日で、久しぶりに帰ってきた息子をもてなすべく、母親はいそいそと夕飯の買い出しに出かけていた。

平日の午後だったので、父親はもちろん会社に行っており不在である。

妹は先ほどまで家にいたのだが、兄の顔を一目見るなり、さっさと友人宅へ遊びに行ってしまった。

彼はやることがなくなってしまい、誰もいない実家を何げなく歩き回った。

そして仏壇のある奥座敷まで来ると、仏壇の前に正座して久しぶりに線香でも上げようかと考えた、そのとき。

突然、ガラリと大きな音を立てて、襖が開け放たれた。

「……えっ？」

思わず声に出して視線を巡らすと、そこには見たことのない人物が仁王立ちしていた。

身長は百六十センチくらいの大きさであったが、その筋骨隆々とした姿は思わず見蕩《みと》れるほどであった。

全身の皮膚は紅潮しており、その赤みが禿頭までまんべんなく行き渡っている。

下半身は駱駝《らくだ》色の股引《ももひき》のようなものを穿いており、上半身は真っ白なランニングを着ているのみであった。

「……あの、すみません。どなた様でしょうか？」

彼はそう問いかけながらゆっくり立ち上がった。

すると目の前の男は、驚く程の速度で、まるで滑るように近付いてきた。

そしていきなり背後に回ったかと思うと、丸太ん棒のような腕で彼の喉元を力一杯絞め上げてきた。

彼は悲鳴の一つすら出すことが叶わなくなった。

頭の中が破裂しそうになり、目鼻口から否応なしに流れ出てくる体液が、妙に冷たく感じられる。

永遠とも思われる時間の中、唐突に頭の中が真っ黒に染め上げられると、そのまま意識を失ってしまった。

目覚めると、そこは何処かの病院のベッドの上であった。

視界がぼやけて詳しくは分からないが、側で父親の安堵する声と母親の啜り泣く声が聞こえてくる。

「良かった！　本当に良かった！」

妹の涙声がそう言ったとき、彼は自分の左足に違和感を感じた。

自分の足に間違いはないのであるが、何とも言えなく遠く感じてしまう、不思議な感覚であった。

「……脳梗塞だったみたい。それで左足に麻痺が少し残るって、先生が……」

母親がそう教えてくれたが、すぐに啜り泣きに変わってしまった。

「まあ、それほど重篤ではないらしいから、すぐに良くなるよ」

嘘が大嫌いな父親のその言葉が、彼の気持ちを少々落ち着かせてくれたのである。

「仏壇の前で倒れているところを母と妹に発見されたらしいんですが……」

遊びに行こうとした妹は買い物帰りの母親とばったり会ってしまい、そのまま家まで連れ帰られた。

そして、幾ら呼んでも返事がない兄を家の中で探していたところ、仏壇の前で倒れている健太郎君を発見したのである。

「そのとき、なんですが……」

倒れている健太郎君の周りに、真っ黒な霧のようなものが立ち込めていた。

霧のようなものは、慌てて駆け寄った母親から逃げるかのように天井に向かって一気に浮遊していくと、そのまま霧散してしまった。

「そして、どういった訳なのか……」

家の神棚と仏壇の上にあった位牌のみならず仏飯器の類まで、その殆どが真っ二つに割れていた。

「……ただ一つを除いてですが」

それは、健太郎君の兄の位牌であった。

それだけはまるで何事もなかったかのように、仏壇上に鎮座坐《ましま》していた。

「そうですね、兄が亡くなったのはおおよそ二年前ですかね。心臓発作でした」

寂しそうな表情を隠すことなく、彼は小声で言った。

話を聞くと、彼の家系は男が早死にする例が多かった。

「婿養子の父には何ら問題がないようですが。まあ、多分ですけど、自分は大丈夫だと思うんですよね。兄が守ってくれているような、そんな気がしてならないんです」

電子レンジは回る

何年か前、他愛もない雑談をしていたときのこと。

「最近の電子レンジは回らないし、チーンとも言わないよね」という話になった。

昔のレンジはターンテーブルが入っていて、加熱中に食品をぐるぐる回していた。それを若い奴は知らないだろ、という訳だ。

そのとき、「ウチのは新しいけど回ります」と強弁したのが田中君だ。

「お前んちの古いんだろ」と笑われていたが、メーカーや仕様を聞くとどうやら最新型だ。スチームで調理もできるような奴である。

「それは回らないだろ」となり、その場で検索などしてカタログも確認したがターンテーブルがない。

ターンテーブルがないのだから回るはずもないのだ。

「この丸い皿付いてないだろ？」

「付いてませんけど」

なら、やはり回らない。

詳しく聞くと、加熱中、彼が見ていると回らないが、加熱が終わって取り出そうとするとあらぬ方向を向いているのだそうだ。

「何だよそれ。振動か何か？」

確かに、振動だろう。

「そもそも、何で昔のは回ってたんですか」

何がそもそもなのかはともかく、筆者はその問いに答えた。

電磁波が電子レンジ内で反射して偏るから、加熱ムラができないように回転させていたが、最近のは本体の内部で反射板を回すようになっている、と。

「じゃあ結局回るんですよね。弁当回せばいいじゃないですか」

それは筆者には断言できないところなので困った。恐らく故障率か何かの関係じゃないかとは言ったが、思い付きである。

同席していた連中はいい加減話題を変えたそうにしていたが、田中君はそこに拘った。

尤《もっと》も、雑談としてもそれくらいでなければやり甲斐がないので筆者は喜んで付き合う。

他の連中が離れて何か別の話で盛り上がり始めた頃、話は亡くなった彼の祖母のエピソードに及んだ。

「——前、ウチの祖母ちゃんが実家で買った新しいレンジも、回らなかったんですよ。祖母ちゃんはそれが気に入らなくって。『生煮えじゃうんまくなかろ？　体に毒だ』って――」

十秒加熱してはレンジを開けて、角度を変え、また加熱。

それを繰り返していたのだそうだ。

田中君はもしかすると、最初からその話がしたかったのかもしれない。

笑い話である。ただ彼がお祖母ちゃん子だったことを考慮すると少し違う。

だから筆者は、「それは今もお祖母ちゃんが田中君のことを気遣って、こっそり回してくれてるのかも」と冗談交じりに言った。

彼は、少しだけ俯いてそれきり黙ってしまった。


その後、コロナ禍が起きて田中君はリモートワークが中心になった。

必然的に家での食事が増えて、料理などできない彼は冷凍食品を大量に買い溜めするようになったという。

「レンジ、回ってる？」

筆者は軽くそう聞いたのだが、田中君はどうも答え難そうに口籠もって、話題を変えようとした。

それが気になったので、暫くして聞き方を変え、もう一度訊ねてみた。

「レンジ壊れた？」

そうなんです、とややあって彼は答えた。

「酷使し過ぎたんですかね。一年くらい前に壊れて、新しいの買ったんです。でも、新しいのは回ってくれないんです。五分待っても、十分待っても、全然。何でだと思います？」

そうなんだ、と答えて、『何故か』という質問には答えられなかった。聞かなければ良かったと思う。今度はこちらが話題を変えた。

別れ際、彼はぽつりと言った。

「祖母ちゃん、もう僕のこと気にしてないんですかね」

そんなふうに考えないほうがいいと言ったが、彼は納得しなかった。

「『悪霊のせいだ』とか言ってくれたらよかったのに」

けあらし

小野田さんは冬の海に来ていた。

彼の目の前に広がる海面から、白い蒸気が立ち上っている。

冷たい陸地の空気が川や海へ流れ込み、水面の水蒸気を冷やして生まれる蒸気霧だ。

冬の風物詩〈けあらし〉である。

朝日の中を揺らめき流れる様は、一種幻想的な光景だった――のだが、混乱が始まる。

(どうして俺はここにいるのだろう)

海に来た記憶がない。

昨日、大学時代の友人である三橋と珈琲を飲んだ。

夜九時過ぎ、何の変哲もないファミリーレストランだった。

別段変わったことは何もなく、普通に雑談していたと思う。確か、もう俺達も二十代が終わる、アラサーという奴だ、等の何の役にも立たないような話題だ。

ドリンクバーで何回かおかわりもしている。翌週に行うサッカーの予定も確認した。

しかし、その後、ファミレスから出た記憶がない。

腕時計を見ると、午前七時半を過ぎた辺りだ。一瞬、会社のことを思い出し、すぐに安堵の息を吐いた。今日は土曜日で休みだ。

後ろを振り向くと遠くに自分の車があった。

昨日は三橋が迎えにきて、彼の車に同乗し移動したはずだ。だとするなら、一度自宅へ戻り、わざわざ自分の車がある貸し駐車場まで歩いていって、ここまで自分で運転してきたことになる。

しかし、その覚えはない。

車へ戻ってみる。駐車も普通にこなしていた。

窓越しに、助手席の座面に何かあるのが見える。

ドアを開けて確かめると、履歴書が置いてあった。未開封のもので、ビニールに包まれたままだ。もちろん買った事実はない。

ふと見ればドリンクホルダーにスマートフォンが差し込まれている。

手に取ってスリープを解除すると、通話アプリのメッセージが幾つか届いていた。

開くと数名の友人達からで、普通にやりとりをしている。こちらから最後に送ったものが大体昨晩の午後十一時で、友人からはそれぞれ数分後に返信が来ている。この返信に対して未読スルー状態だった。

このアプリでのやりとりも記憶にない。

気になって電話の通話履歴を確かめた。

午前になってから、彼女の携帯に掛けている。数分の会話をしていた。やはりこれも脳から抜け落ちている。

まだ早い時間で迷惑になりそうだが、彼女へ電話を掛けた。出ない。しつこく掛け直すと、数回目で繋がった。

しかし相手は木で鼻を括ったような態度だ。いつもと違う。訳を聞いても、自分の胸に手を当てて考えろと言われる。幾ら思い出そうとしても分からない。正直に言えば、これ見よがしに大きな溜め息を吐かれた。

彼女が言うには、遅い時間に電話が来て何事かと思って取った。口調はしっかりしているが、何となく会話にならない。酔っているのかと訊いても、無視される。こんなことはこれまでなかったので困惑していると、突然通話が切られた。

憤慨しながら眠りに就くと、突然自宅までやってきて、部屋に入れろと言う。

仕方なく招き入れると、突然抱きついてきて乱暴に服を脱がそうとしてきたので、抵抗して叩き出したらしい。

欠片も覚えていないが、とにかく平謝りに謝った。

許してくれた後、彼女が訊いてくる。

『多分、来たときに落としていったと思うんだけど、何これ？』

紙ナプキンで包まれた珈琲フレッシュと、ケチャップだと言われた。丁寧に包まれていたから、棄てて良いのか分からないと訝しげな声だ。

当然、そんな物を持ち帰った覚えもない。廃棄しておいて大丈夫と伝え、午後に行くと言ってから電話を切った。

（……何をしていたのか分からない）

昨日のファミレス以降、記憶が完全に欠落している。

チェックすると車のガソリンはかなり減っていた。前々日に満タンにした後、乗っていない。それなのに、半分以下になっていた。自宅周辺から現在地の海に来ただけなら、ここまで消費されないはずだ。走行距離を見てみたが、記憶にある数字と照らし合わせてみてもそこまで大幅な増え方をしていない。

加えてカーナビをチェックするが、使った形跡がなかった。

そこで初めて気付いた。

（三橋に訊けば何か分かるのでは？）

電話を掛けるが、出ない。アプリに送っても未読スルーされる。

電話とアプリを使って数回ほどコンタクトを試みたが、全部空振りだった。

車内から外を見ると、既にけあらしは収まっている。

こんな短時間に消えるものか知らないが、ともかくと移動を始めた。

目指すは三橋の自宅だ。直に行って話を聞こうと思った。

一時間程で着いた。部屋のチャイムを鳴らすが出てこない。途中、彼の車が駐車場にあったことは確認している。ならば、誰かと出かけているのだろうか。諦めて三橋の自宅を離れた。


休み明け、三橋が彼の彼女の家で自殺未遂を起こしたことを知った。小野田さんがけあらしを見た日のことだった。

友人らからもたらされた状況を纏めると、不可解なことが多い。

〈三橋は、土曜の夜中（午前）に彼女の家へ行った。彼女はちょうど用事で実家に戻っており、誰もいなかった。彼は合い鍵で中へ入った。そのままドアノブで首を括ったらしい。第一発見者は彼女で、朝一に戻ってきたら、そんな状況だった。現在、三橋は病院にいる〉

三橋の彼女は、サッカー関係の友人グループの一人だ。

ただ、まだ落ち着いていないことは明白で、そっとしておくことに決めた。

　結局、小野田さんは自身の記憶が欠けていることの理由を知ることはできないままだった。脳の病気かと悩み、病院へ足を運んだが目立つ問題は見つからない。そして、同じように記憶がなくなることは二度となかった。

　ただ、三橋は自殺の後遺症が残り、実家のある北海道へ戻っていったという。

　彼と別れざるを得なかった彼女は、その後一年ほどして同じサッカーグループの男と付き合い出した。ショックから立ち直ったのだろう。

　その頃、小野田さんは三橋の元彼女から直接、自殺の現場を発見したときのことを聞かされている。

〈自宅へ戻り、玄関ドアを開けた。中は白い煙のようなものが充満していた。映画のワンシーンで見るような感じだった。驚いて換気をしようと玄関から上がり、リビングの窓を開けた。次に寝室のドアに手を掛けたが、動きがスムーズではない。いつものように押し開こうとしたが、ドアが動かなかった。何かが内側に倒れていて、固定されている印象だった。全身の力を込めて押し、自分がすり抜けられるほどのスペースを確保した。中へ入ると、三橋が内側のドアノブで首を括っている。パニックになり三橋の首から紐を外した。どうやったかは余り覚えていない。後で見たら紐は自分の下着やストッキング、服を撚《よ》り合わせたものだった。すぐに救急車を呼び、命は取り留めたが後遺症が残った。あと少し

発見が遅れていたら死亡していたので、よかったと彼の家族に感謝された〉

三橋の自殺未遂当日、彼女が部屋に戻ったのは、午前七時半辺りだった。

ちょうど、小野田さんがけあらしを見ていた時間帯だ。

少し気になって、三橋の元彼女に、部屋に満ちていた白い煙のことを訊ねる。

〈煙と言っても、煙草や調理の煙ではなかったと思う。臭いはなく、濃いような薄いような白。三橋を発見したとき混乱してしまい、後でどうなったか覚えていない。救急車を呼ぶときにはすっかり消えていたと思う〉

ここで「潮の臭いがした」など何かそれらしいことがあれば、あの日の自分の行動に何からの理由を付けられたはずだが、それすらなかった。

三橋と自分の記憶の欠落は関係が薄いのだと結論付けた。


ところが、三橋が北海道へ戻ってから二年後だった。

三橋の元彼女が遺体となって発見された。

事件性はなかったので、報道などはされていない。

サッカーの友人グループ及び小野田さんが得た情報だと〈外出自粛期間で人と会わない中、連絡が取れなくなったことを怪しんだ彼氏が彼女の部屋へ入った。そこでベッドに横たわり、息を引き取った姿を発見した。第一発見者の彼氏が、後日彼女の家族から聞いたところによれば、突然死だったようだ。感染症ではないこともはっきりしている。発見されたのは、彼女と最後に連絡を交わした日から二日後だった〉ということだった。

小野田さんは後にその彼から直接こんな言葉も聞いている。

「部屋のドアを開けたら、白い煙のようなものが流れ出してきて驚いた、舞台などで使うスモークのような感じだった」

遺体発見で混乱していたので、その後に煙がどうなったか記憶にないようだ。

冬が来て、けあらしの話題を見る度に小野田さんは三橋とその元彼女、この二人のことを思い出す。

三橋はその後も後遺症で寝たきりのまま、北海道で暮らしているのだろうか。

連絡先も分からないので、確認しようがない。

あの、けあらしを見たときに失われた記憶は、今も取り戻せないままである。

キャリーカート

間もなく師走を迎えようとした頃、山瀬さんは友人の岡田と二人で、房総半島の防波堤へと釣りに行った。

しかし、数日前からの急激な気温低下に加え、木枯らしが吹き荒ぶ中、当然の如く釣果には恵まれなかった。

いつもは人々で溢れるこの堤防も、今日に限っては人影もまばらで、珍しく閑散としている。

「ちょっと、他行ってくるわ」

岡田はそう言うと、釣り竿片手に何処かへと向かって歩いていった。

魚達が全く反応を示さない中、半時ほど経過した頃。

耳障りなキーキー音を奏でつつ、岡田が何かを引きずってぶらぶらと帰ってきた。

「何拾ってきたんだよ、お前」

山瀬さんの問いかけに、岡田はにっこりと笑いながら言った。

「まだ使えるだろ、このキャリーカート。うん、全然使える」

岡田は、車輪が二つばかり付いた運搬用のカートを、ごろごろと転がしてみせた。

その度に神経を苛立たせる金切り音が、辺りに響き渡る。

山瀬さんは、またかとばかりに溜め息を吐いた。

金は持っているくせに酷くケチな男で、とにかく無料《ただ》という言葉に目がない。

ゴミ捨て場や道端に落ちているものでも、使えると見るなり、躊躇《ちゅうちょ》なく拾って再利用する。

しかし、いつもは呆れて見ているだけだった山瀬さんは、岡田に向かって強い口調でこう言った。

「いや、それだけは止めておけよ。後で、絶対に後悔するような気がする」

理由は上手く説明できないが、何となく嫌な感じがして仕方がない。

恐らく、これは拾ってはいけないような気がする。

「なあ、頼むから捨ててくれよ。どうにも嫌なんだ、それ」

驚く岡田を尻目に、重ねてそう言った。

「まあ、そう言うなよ。もったいないって、まだ使えるんだから。な、な、な」

岡田は笑みを浮かべながら、愛おしそうにキャリーカートへと視線を向けた。

十二月半ばを過ぎると、お互いに忙しくなってしまい、なかなか釣りには行けない日が続いていた。

山瀬さんは頻繁に岡田に連絡したが、なかなか二人のスケジュールが合わない。

しかも、電話口から聞こえてくる岡田の様子に、何やら異変を感じていた。

「いつもはあんな声を出さないヤツなんですけどね。それが、話の合間にいきなりヒェッ、とかキィッと奇声を発するんですよ」

しかもブツブツとはっきりと聞こえない声で独り言まで言い始める始末。

声の調子もいつもとは違って暗いことから、初めは別人ではないかと訝しんでもみたが、話の内容からそれだけはないと確信できた。

「まあ、でも、すぐにまた、いつものアイツに戻るんじゃないかと軽く考えていたんですが……」

新年を迎えて三が日を過ぎた辺り。

岡田は独りで、房総半島の磯場へと釣りに出かけた。

彼はすこぶる慎重な性格で、少しでも危険な場所へは極力近付かない。

あいつが釣り好きになったのも、釣り歴の長い自分と一緒に楽しめるからである。

あれだけ海を畏れ、一人では近付くことすらできなかったのに、とりわけ危険な磯場へと独りで釣りに行くようになったのだ。

岡田にその話を聞かされたとき、山瀬さんは正直面白くなかった。

彼からしてみれば、岡田に釣りを教えたのは自分であったし、釣りに行くときは必ずと言っていいほど岡田を誘った。それにも拘らず、岡田は自分を誘わなかった。

そんな些細な出来事が、山瀬さんの心に蟠《わだかま》りを残している。

そのような小さなことで友人と距離を置こうとする自分がとてつもなく嫌であったが、だからといって以前のように気の置けない関係においそれと戻れる気もしなかった。

岡田から何回か釣りへの誘いがあったが、山瀬さんは適当な理由を付けて断り続けた。

そういった日々が続いていくうちに、もう岡田からの誘いの電話も来なくなった。

そうして、二人で釣りに行くことはなくなってしまったのである。


例年を遥かに凌駕する、大寒波の訪れたとある年の二月。

岡田は荒れ狂う大波の打ち寄せる日本海の磯場で、行方不明になってしまった。

北風の吹き荒ぶ中、独りで釣りをしている最中のことであった。

偶々釣りをしていた地元の老人が、その一部始終を目撃していたことは不幸中の幸いであったのかもしれない。

その老人の話によると、以下の通りである。

早朝、まだ陽も昇っていない時間にとっておきのポイントに入ると、驚くべきことに先行者がいた。

今までこんなことはなかったので少し残念に思いつつも、仕方なく彼の陣取る磯からは少し離れたところで仕掛けの準備をしていた。

すると、人懐っこそうな顔を破顔させながら、その先行者が近付いてきた。

「これ、使ってくれませんか？」

そう言いながら、高価な釣り竿やリール、仕掛けや道具類の入ったバッグを渡そうとしてくる。

「いや、何言ってんの、あんた。知らない人に、こんなの、貰える訳ないじゃないか」

老人はそう言って釣りの準備に戻ろうとしたが、その男は一歩も引き下がらない。

「いや、もう必要ないんです。自分には邪魔なだけなんですから、ね、いいでしょう？」

そう言いながら、その男は持ち物の殆どを老人のいる岩場まで持ち込むと、猿のように軽快に元いた岩場へと戻っていった。

老人はすっかり困り果てたが、その男のところまでこれらを持って行く元気はなかった。

「おい！　あんた！　困るよ！」

老人が声を張り上げてそう叫んだとき。

その男は、よく通る声で、腹の奥底から奇声を発した。

「ヒぇッッッッッッッッ！　キぃッッッッッッッッ！」

理由は分からないが、小汚いキャリーカートらしきものを背負うと、身体を捩らせながら麻紐で自分の胴体に括り付けた。

そして、泡立つサラシ場の中へと何故か嬉しそうに飛び込んだ。そのまま海の奥底へと消えてしまったのか、二度と浮かび上がることはなかった。

老人は慌てて携帯電話で百十八番へと通報したが、その男が消えた岩場へと視線を向けたとき、目に入ってきた光景に腰を抜かしそうになってしまった。

彼が入水した岩場には、純白のウエディングドレス姿の、やけに背の高く髪の長い女性がひっそり佇んでいたのである。

老人の口からは、萎びた風船から漏れてくる空気のような、情けない音しか出てこない。

「もしもし、どうかしましたか！」

受話器からの声に反応しようとするが、からからに干上がった口腔からは気の抜けたような呻き声しか出てこない。

ただただ口を開閉していると、ドレス姿の女の顔が、唐突に振り向いた。

その顔面はまるで能面のように真っ白で、目、鼻、は黒く落ち窪んでいる。

真っ黒な口元は耳の辺りまで急角度で切れ込んでおり、まるで嗤っているようにしか見えなかった。

女は老人の見守る中、男が消えたサラシ場の中へと向かって緩慢に歩み寄ると、そのまま消えてしまったという。


「……遺されたバッグの中に、アイツの身分証があったらしいんで」

その話を聞いたとき、山瀬さんは思った。やはり、あのキャリーカートが関係しているんじゃないかと。

しかし、今更そう思ったとしても、もはやどうすることもできない。

あの件で腐ることなく、いつも通り自分が岡田と行動を共にしていれば、もしかしたら助けられたかもしれないんじゃないか、と今でも後悔することがある。

「……ただ」

磯や防波堤に釣りに行くと、結構な頻度で似たキャリーカートが捨てられているのを見かけることがある。

もちろん、岡田と一緒に海に飲まれたあの忌々しいものと同じであるはずがない。

そう思うことにはしているが、それにしては頻繁に目に付き過ぎるよな、と彼は溢した。

背負子《しょいこ》

「アライってヤツなんだけどな……」

楠木さんは当時の出来事を少しずつ思い出すかのように、時折小首を傾げながら語り出した。

「あの頃はなァ、口太や尾長ばっかり狙っていてなァ……」

聞き慣れない言葉であるが、両者ともメジナの種類のことである。

メジナは青い眼と青緑の魚体が特徴的で、大きくなると全長六十センチ以上にも達する、釣り人に人気の魚である。

楠木さんは休日ともなると、それを狙いに地元の地磯へと足繁く通っていた。

「その都度な、よく見かけるヤツがいたんだよ。釣りに行く度に顔を合わせてさ……」

白髪の交じった短髪に日焼けした顔面が印象的な、屈強な身体付きだが自分より少々背の低い、同年代と思われる男であった。

その男は、アライと名乗った。

最初は鬱陶しいヤツだな、程度にしか思えなかった。

だが、ひょんなことがきっかけで話してみるとなかなか話せる男で、釣場で顔を合わせる度に二人は次第に仲良くなっていった。

「結構、色んな釣りを知っているヤツでさ。知らない釣場や魚を教えてくれてさ」

いつしか二人は釣場でばったり会うだけではなく、お互いに誘い合って釣行する間柄になっていった。


「あれは確か、十一月だったかなァ」

アライの誘いで、楠木さんは伊豆まで石鯛を釣りに行くことになった。

「前日の深夜に車で向かったんだけど……」

アライの愛車はシルバーのハイエースで、ゆったりとした車内はすこぶる快適であった。

アライはハンドルを握りながら、これから向かうポイントの特徴や石鯛の釣り方を、事細かにレクチャーしてくれた。

「ホント、博識なヤツでね。話も上手いし。ところが、な……」

車中での会話の最中、楠木さんはアライの言葉遣いに違和感を感じるようになった。

「最初はな、微々たるものだったんだ」

時折、何者かに向かってどことなく小馬鹿にしたかのような言葉を発するのである。

「そうでちゅね、とか。えらいでちゅね、とか。話の最中、そんな感じのが混じるようになっていったんだ」

初めのうちは何回かやんわりと指摘をしてみたが、それが意味を為すことはなかった。恐らく、その言葉遣いに彼自身は全く気が付いていなかったらしく、幾ら注意しても、アライの言葉遣いは直らなかった。

「何か分かんないけど。薄気味悪くて妙にイラついちゃって。でも、せっかく伊豆まで来たんだから……」

楠木さんは気分を切り替えようとして、流れていたラジオの音量を上げた。

しかし、車内に微妙な空気が流れていたことだけは否定できなかった。

まだ暗いうちに釣場まで到着した二人は、いそいそと準備をして車から降りて歩き始めた。

流石に遠征ともなると荷物が一杯になってしまう。

楠木さんは手荷物で両手が塞がった状態のまま、険しい地磯を歩いていく。

しかし隣に目を遣ると、アライは随分と楽そうにしている。

それもそのはず、彼の背中には珍しいものが背負われていた。

「ガキの頃に山で見たヤツだな。行商人が重そうな荷物をそれに乗っけて、背負って登っていくのをよく見たよ」

それは「背負子」と呼ばれる運搬具であった。

最近はアルミニウム等の軽くて丈夫な材質で組まれた枠でできているが、アライのそれは明らかに竹製のものであった。

「結構年代ものらしく、所々ささくれだって。しかもかなり汚くてね」

そんなもの何処で手に入れたのか気にはなっていたが、それからすぐに釣場に着いたため、訊きそびれてしまった。


「いやァ、面白かったね。初めての伊豆は。釣果も良いし、眺めは最高だし」

満足の行く釣りを無事終えて、楠木さんはすっかり上機嫌であった。

「そんな訳で駐車した場所へ向かって歩いていたんだけど」

好天に恵まれていたせいか、磯遊びにでも来ている家族連れと頻繁にすれ違った。

「ま、それ自体は別に何でもないんだけど……」

不思議だったのは、行き交う家族連れに結構な頻度で話しかけられたことであった。

「可愛いですね！　とか、パパと一緒で楽しそうだね！　とか。何処からどう見ても釣りの帰りにしか見えない中年二人だぜ？　そんな二人に、子供を連れた父ちゃんや母ちゃんがこんなこと言うかい、フツウ？」

親子連れにそう話しかけられる度に、楠木さんは困惑した表情を浮かべてアライに視線を移した。恐らくこいつも困っているだろう、そう思って。

ところがアライは、彼の予想していたものとは懸け離れた、今までにない険しい表情をしている。

それに加えて、次第に顔面蒼白になっていき、落ち着きのない視線を辺りに巡らせたかと思うと、急に無口になって足早に車へと向かって歩いていった。

「おい、どうかしたのか？」

楠木さんがそう問いかけても、答えは一切返ってこない。

いつしか楠木さんも諦め、二人はハイエースの前まで辿り着いた。

「さ、帰ろう」

アライはぼそりと呟いて忙しげに車体へと向かって歩み寄ると、車のキーをドアの鍵穴に差し込んだ。

そのとき、である。

フロントドアガラスに、二人の姿が映り込んだ。

余りの驚きに、楠木さんは腰から崩れ落ちそうになってしまった。

ガラスに映り込んだアライ。その背中に、髪の長い女の子が背中同士をぴったり張り付けた状態で後ろ向きに背負われていたのだ。

ガラスには少女の白いワンピースと真っ赤なリボンが映り込んでいる。

その娘はじわりと上半身を捻り始めた。

ゆっくりと現れたその顔は、色白で整った顔立ちをしており、日本人離れした大きな目はその全てが漆黒に染まっていた。

「お、お、おいぃ！　お、お、お前の、う、う、う、うぅうぅうぅうっっ」

人差し指で指差しながら、楠木さんは必死でアライに告げようとする。

その刹那、ドアガラスに映り込んだ娘の腕が、アライに向かってぬっと突き出された。

「あ、あ、あ、あぅうぅうぅうっっ！」

悲鳴にも似た声が楠木さんの口腔から漏れ出したそのとき、相も変わらず真っ青な表情をしたアライは狼狽《ろうばい》しながら幾度となく周囲を見回すと、急に何かを悟ったらしく、びくりと全身を震わせた。

そして、汚染されたゴミでも捨てるかのように、背負った背負子を地べたに投げ落とすと、甲高い声で一声叫んだ。

「ひぃ、とか、きぃ、とか。とてもじゃないが、出そうとして出せるような声じゃなかったんだ」

そしてアライは、全速力で駐車場から逃げていき、そのまま何処かへ消えてしまった。

鍵の刺さったハイエースと、例の背負子を含む釣り道具全てを残したまま。

「結構、大変だったよ」

暫くはアライを追いかけて走ってはみたものの、とてもじゃないが追いつくことはできなかった。

楠木さんは、暫しの間迷っていた。

これから一体どうすべきか、判断に迷っていたのである。

結局、アライに捨てられたハイエースを運転して、自宅まで戻ってきた。

「アライの携帯に電話しても繋がらないし、警察に言っても上手に説明できる気がしないし」

そして自宅の駐車場に暫くの間駐車していたが、数カ月経ってもアライからは連絡がない。

携帯電話も一切繋がらないことから、彼は遂に決意した。

「自宅から少しばかり離れたところに、鉄鋼関連の廃工場があってね」

ある日の深夜、楠木さんはアライの荷物全部を積み込んだハイエースを、その場所に放置することにしたのだ。

「仕方ないよな。幾ら待ってもアライからは連絡がないし。自宅に置いといたら、何か拙《まず》いことになりそうだったし」

ハイエースを放置してから半年くらい経った頃に、楠木さんは一度だけ車の様子を見に行ったことがあった。

相変わらず廃工場の敷地に放置されていたが、興味本位で車内を覗き込むと、とんでもないことに気が付いた。

「……なくなっていたんだよな、あの背負子だけが」

物盗りだとしたら、他のバッグ類や釣り竿には目もくれず、あの汚い背負子だけを持って行ったことになる。

しかも車のキーは自宅に置いてあるので、わざわざ車の鍵を何らかの方法で開けてまで、である。

「何だかよく分からないけど、とにかく恐ろしくなっちゃって」

楠木さんは車のキーを近くの沼に投げ捨ててしまった。

それ以来、例の廃工場へは一切近付かないことにしている。

往来

「とにかくきっつい仕事場ですよ。ええ、全ての面で」

美知子さんの仕事はその性質上、とにかく朝が早い。

毎日三時半には起床し、急いで身支度を調えて、おおよそ四時前には家を出る。

職場である介護施設までの道程は十五分ほどで、充分に年季の入った自転車で通っていた。

比較的拓けている駅の方向とは真逆に位置しており、職場の付近には森と沼しかなく、目立つ建物は何一つなかった。

当然、自宅を出た瞬間から次第に街灯は少なくなっていく。

灯り一つない真っ暗な道、早朝とはいえ人っ子一人すれ違わない道は、はっきり言って心細い。

だが、心細いが怖くはない。

「それより何より……」

彼女の通る道には、もっと恐ろしい場所があるからだ。

そこは、街灯一つない道を暫く進むと、突如現れる。

職場の近くにある、Y字路にぽつりと建っている鄙《ひな》びた街灯。

「ええ。不気味なほどに明るいんですよね、アレ」

美知子さんの話によると、この場所だけは近付いただけで鳥肌が立つほど、異様におっかない。

このような何の変哲もない場所にも拘らず、事故や事件だけはやたらと多い。

人通りはおろか車通りすら少ないこの場所で、どうして変事が多発するのか、さっぱり分からない。

「……見るんですよ。偶に……」

煌々《こうこう》と照る街灯の下、子供くらいの大きさをした人の影のような何かが二体、仲睦《むつ》まじくじゃれ合っている様を。

「とにかく見ないようにして、必死で自転車を漕ぐんですが……」

ペダルが半端なく重く感じられ、今にも動きが止まって横に倒れそうになるほど自転車のスピードが落ちるときがある。

「そうなると、その日は最悪ですね」

職場の近くで、どうして起きたのか理解に苦しむ事故が発生したり、元気だった施設入所者が急逝したりする。

こんな所、できたら通いたくないんだけどね、と彼女はぼそりと呟いた。

子供がいます

「『この部屋、子供いますよね』って言われたんだよ」

洞口さんの住むデザイナーズマンションの一室だ。都下と言うにも私鉄で大分遠くまで行った先、ぽつんと場違いに建つ。

所謂《いわゆる》DINKS《ディンクス》と呼ばれる、子なし既婚世帯のライフスタイルに合わせた物件である。

家賃は相場よりは安かったというが、彼自身「俺には合わない」と認める。

独身で、殆ど私物を持たない生活を続けてきた彼がそこに住み続けるのも訳がある。

彼は『スマホ一つで世界を変える』と息巻く情報商材屋――大雑把に言えばペテン師の類である。その前は、何とかという煌《きら》びやかな肩書きでこれも平たく言えばマルチ商法の在庫ディーラーで、主に芸能界に夢を抱く若者を食い物にしていた。

彼の知る限り隣室には過去一度も入居者がなく、とても静かな部屋である。そうした物件は、若者を集めて羽振りがよさそうに見せるには殆ど必須アイテムなのであった。

彼がそこに居を定めたのも鼠講のためであったので、入居するや否や若者を集めて会合をした。

海外の本部から送られてきたＤＶＤの鑑賞会であった。

照明は全て落とし、暗くした部屋で字幕の付いていないＤＶＤを洞口さんが翻訳して聞かせていたときだ。

その席で、突然きょろきょろし始めたのが、千葉さんという女性だった。

「『どうしたの？　集中できない？』って聞いたら、『子供がいるって』。てっきり、子供がいて資金面で不安があるみたいな話かと思ったんだけど」

千葉さんが言うには、今、その部屋に子供がいるというのだ。

洞口さんは独身で、もちろん子供もいない。

「ちょっと変なこと言わないで」

面倒な奴を呼んじまったな、と洞口さんは勘定する。この日招いたのは九人。うち二人はより詳しい話を聞き、今週中に借金までさせられる手ごたえがあった。だから今下手を打って彼らの気持ちを逸らせたくない。

「今本質の話の途中だから。子供？　深刻な話なら後で議題にしてください」

そう言って洞口さんは再生を開始する。千葉さんは一旦納得したようで、しかしやはり再開するときょろきょろしだした。

一度打たれた楔《くさび》は深い。そのうち、他のメンバーもＤＶＤや洞口さんより、千葉さんの視線の先ばかりを気にするようになっていた。

後ろのほうに座っていた一人が小さく「いた！」と言って、隣の男の肩を叩く。

――勘弁してくれ。

「どうも今日は皆集中できないみたいだから、本質的な話はまた日を改めてにしようか」

洞口さんは大儀そうにＤＶＤを停止した。何人かは続きをとせがんだが、そこは大物ぶるのに余念がない。

「皆にはきちんと真実を受け入れてから決めてもらいたいし。ここが人生の、大事なターニングポイントだからね。大丈夫、星は逃げない」

本当はここまで来る電車賃が云々と、文句を言いたいのも分かったがそこはそれ。誰も小さな出費を問題にしなかった。だからカモなのだが。

「それより千葉君達三人は、夢や未来、僕らの本質よりも気になることがあるらしいね。子供がどうしたって？」

「この部屋に、子供がいるんです」

「うーん、子供っていうか、頭だけ」

「そうそう、坊主の」

三人は顔を見合わせて頷き合う。

総合すると、この部屋のテーブルの周り、洞口さんらの周囲を、額から上だけの坊主頭が駆け回っている、ということらしい。

洞口さんには見えないし、足音も感じられない。彼からすると全く何を馬鹿なことを、という話なのだが、何せペテンに掛けようという場であるから、ここで否定してしまえることはそれほど多くない。

彼は否定するよりも、適当に話を合わせることにした。

「僕には分からないけど、三人が見えるんだから、いるんだろうね。でもそれが何？」

「――その場は未来がどうこう言って誤魔化したよ。でもあいつら帰ったら俺一人だ」

九人のカモを帰し、一人だけぽつんと残るとどんどん怖くなってきた。

何せ、坊主頭だけがテーブルの周りをぐるぐる走っているかもしれず、それはもしかするとテーブルでなく、自分の周りかもしれない。

「すぐ誰かと話したいって思ったんだけど、最低でも翌日までは連絡取れない。『がっついてる』って思われるのは避けたいから」

ファミレスも駅まで行かないとない。ミーティングの後、参加者がファミレスに寄るのは普通だから、今行くと鉢合わせになるかもしれない。

彼はとにかく、連絡を取る口実を探した。

（忘れ物はないか、忘れ物は。誰か財布か手帳か何か――）

参加者が忘れ物をしたならこちらから連絡するのは普通だ。

彼は玄関まで出て、忘れ物の傘を見つけた。

しめたぞ、とばかりに彼はもう頭の中でメールの文面を練る。

『紺色の、白い花模様の傘をお忘れの方。うちに女性ものの傘があるのは問題があるので、まだ近くにいらしたらすぐ取りに――』

その途中、彼はシューズクローゼットの上にもう一つの〝忘れ物〟があるのに気付く。

彼の家にはなかったもの、確実に見覚えのない異質なものだった。

古い、黄色のヘルメットだ。

しかも汚れて、表面が黒く削れて、全体が大きく凹んでいる。

思わず彼はメールの文面を練り直す。

『黄色い、工事現場で使っていたようなヘルメットをお忘れの方。どう見ても使い古されて、捨てるしかないようなものですが、こちらで処分するのも気が引けるので、まだ近くにいらしたら――』

――そんな馬鹿な話があるか。

彼は我に返ると、ヘルメットには指一本触れずにリビングに転がり込んで携帯を引っ掴み、滅茶苦茶なメールを打つ。

『ヘルメットすぐ取りにきて。あと傘。多分女の奴。誰の』

すぐに返信があった。

千葉さんからで『傘、私のです』、『すぐ取りに伺います』とのことだ。


「十五分くらいだったかな。俺はこんな格好で、床や天井を見て待ってた」

彼は両手を合わせて、膝の間に挟み、背筋を丸めて椅子の上で小さくなっていた。

やがてインターフォンが鳴って、彼は弾かれたように玄関へ飛んでいき、ドアを開けた。

千葉さんが立っていた。

「『是非君にも聞いてもらいたい話があるんだけど、上がっていかないか』って言ったんだけど、あの女はせせら笑って『傘を取りに来ただけです』って。ま、そりゃそうだよな」

変な意味じゃない、別に下心がある訳じゃない、とそう彼は取り繕ったのだが、無駄だった。

「素直に助けてくれって言うべきだったんだよなぁ」

千葉さんは無言でドアの間から手を差し出してきたので、彼はやむなく傘を渡した。

それからシューズクローゼットの上にあったヘルメットも渡した。

「あ、これ私のじゃないです」

「……誰のか見てない？　皆一緒に来たんだろ」

ヘルメットが誰のものか、未だに返信はなかった。

彼らはこの日、大きな駅で待ち合わせた後、揃ってここまで来たはずだ。最寄り駅で待っていた洞口さんがそうするよう言ったのだから確かだ。

ただ、駅からマンションまでの間、洞口さんもそのヘルメットには見覚えがない。彼が先頭を歩いていたからだと思った。

しかし千葉さんは冷酷なほどはっきりとこう言った。

「いいえ。私達が入ったとき、それはもうそこにありました。靴入れの上に。それはここのです」

引っ越したいのも山々だったが、彼にはそうもいかない事情があった。

「三年契約なんだ。違約金を取られる。他にハッタリの効く物件もないし……」

ハッタリとはつまり『俺も儲けてこんな家に住みたい』と思うような部屋だ。ただ高級そうなだけではなく、洗練されたライフスタイルを見せる必要がある。他にも色々条件はあるが、洞口さんが一目見て『ここだ』と思わせる何かがその部屋にはあった。結果はまるで逆であったが。

その後も、DVDを見せようとしたら何故かディスクが裏返っていたり、突然テレビが点いたり消えたりとおかしなことが続いた。

また参加者の中には、あの千葉さんのように見えてしまう人間も稀にいた。

「皆『子供が』って言うんだよ。坊主頭が歩いてるって」

不思議なことに、一人見えると言い出すと我も我もと出てくる。

彼は千葉さんに話を聞きたいと思った。彼女が助けてくれるように思えたからだ。しかし彼からは千葉さんに連絡が付かなかった。

千葉さんは元々筆者の知人である。洞口さんからの連絡は断っているが、筆者からは話を聞くことができる。

彼女は、あの洞口という人は今どうしているのかと訊ねた。

彼は引っ越せずに困っている。契約の三年間はとっくに過ぎたのに、引っ越し先がないのだ。あの物件に耐えている間に、世の中の賃貸物件は審査が厳しくなってしまった。良い物件は保証会社の仲介が必要で、彼はその審査に悉《ことごと》く通らなかったのだそうだ。

後日談として洞口さんが実家に電話をしたときのことを彼女に話した。

彼の母上が、電話口で唐突に『どうしたの？　父さんならいないよ』と言い出した。彼には話が見えなかった。洞口さんはただ近況を話していたのであって、疎遠になった父の話などしていなかったからだ。

『いや何よ、あんた、さっきから『パパ、パパ』って――あんたでしょ？』

洞口さんは察して、『それって子供の声？』と聞いた。すると母上は『子供？　違うわよ。あんたの声じゃないの』と答えた。

その話をすると、千葉さんは大きく頷く。

「でしょうねえ。私も最初は――子供だと思ったんです。坊主だったし、それがキッチンテーブルと同じ高さくらいのところをちょろちょろしていたから」

髪型や高さばかりではない。

そのちょろちょろした動きから、彼女は子供の歩幅を想像した。

でも違ったんです、と彼女は続ける。

「座っていた人の間を横切るとき――一瞬ですけどはっきり見えたんです。おじさんでした。膝から下が潰れて、なくなってました」

まるで高いところから落ちたか、頭上から圧力で潰れたか、そんなふうにも見えたという。

だから彼女はヘルメットを見たとき、洞口さんに『あなたの』ではなく『ここのです』と言ったのだと語った。

「でもそのおかげで傘が戻ってきたからいいんです。大事なものだったし」

二度と関わるつもりはないという。

こーん、こーん

「オレ、今度引っ越すんだ」

友人のユウジにそう告げられたとき、木村さんは酷く驚いた。

「だって、あんな良いとこないじゃないか。駅にも大学にも近いし。何の問題があるんだよ？　家賃か？」

確かにユウジの住んでいるマンションは家賃が高そうではある。

だが、彼の実家は資産家らしく、金に困っている感じは一切しない。そもそも、金に困っていたら、学生の身分で高級車を乗り回したりできないだろう。

「もちろんそんな理由じゃないって。何と言うか、憧れと言うか、そんな感じかな」

「一体、何を言っているんだ、お前は？」

話を聞いてみると、どうやらこういうことらしい。

彼は子供の頃から、四畳半且《か》つ風呂トイレ共同のボロアパートで暮らすのが夢だったのだ。

何の影響が作用したのかまでは不明であるが、蓼《たで》食う虫も好き好きということなのであろう。

「両親が煩いからね。最初は妥協したけど、やっとのことで説き伏せたよ」

「そんな理由かよ。で、新しいアパートの家賃はどれくらい？　かなり安いんじゃない？」

だが、ユウジはきょとんとした表情をしながら、言った。

「さあ、知らないよ、そんなことまで。両親に訊いてみようか？」

いや、大丈夫です、と木村さんは呟いた。


「いやァ、やっぱり良いねえ。自然を近くに感じられるよ、あそこは」

ユウジの話によると、待ちに待った新居は随分と住み易いらしい。

「近くに狐もいるみたいだしね。結構鳴き声が聞こえてきて、イイ感じなんだ」

「キツネ？　タヌキなら見たことがあるけど、野生のキツネなんてこの辺りにいるのかい？」

「いるいる。あの声は間違いないって。そうだ、今夜辺り聞きに来ないか？　酒でも飲みながら、さ」

木村さんの喉が、意図せずゴクリと鳴った。

トイレや風呂が共同なんでまっぴら御免とばかりに敬遠していたが、そんな今時珍しい建物を一度見てみたい気もする。しかも、ユウジは高級な酒しか決して家に置かないことも十分に知っている。

「……分かった。今夜、な」

「オレだったら、こんなところに住みたくないな」

木村さんはそう言いながら、キンキンに冷えたクラフトビールを喉に流し込んだ。

ユウジの新居は、はっきり言って廃墟同然であった。

車がないと通学すら不便な町外れにひっそりと佇んでいるし、近くにはコンビニすら存在しない。

二階建ての木造アパートであったが、どうやら住人はユウジだけだったらしい。風呂とトイレはほぼ貸し切り状態であるものの、磨いても取れそうもない汚れがあちらこちらにこびり付いている。

四畳半の部屋自体も隙間風が物凄いし、夏場は害虫に、冬場は寒さに相当悩まされるであろうことは火を見るよりも明らかであった。

まあ、近くの民家から大分離れているので、夜中にドンチャン騒ぎや麻雀をやっても、何の問題もなさそうなのが良い点なのかもしれない。

「いやいやいや。ベストでしょ、ココ。こんなにイイ所は他にないって」

そう言いながら、ユウジはボリボリと尻の辺りを掻いている。

確かに、ここに来てからどことなく全身が痒いような気もする。

「しっかし、お前。絶対に前のマンションのほうが……」

木村さんがそう言いかけたとき、ユウジがいきなり人差し指を口の前に立てた。

「……ほらっ、鳴いてる！　聞こえるでしょ？　キツネが鳴いてるの」

木村さんは耳を澄ませてみる。

確かに、聞こえてくる。こーん、こーん、こーん、といった生き物の鳴き声らしき音が、微かに聞こえてくる。

二人は一切音を立てずに、その鳴き声に聞き入った。

その声は次第に近付いてくるらしく、暫くの間かなりはっきりと聞こえていたが、やがて鳴き止んだのか何も聞こえなくなってしまった。

「……いたねぇ。でも、キツネって本当にこーん、こーんって鳴くんだ」

「そうじゃない？　キツネっていったら、こーん、こーん、でしょ。やっぱり」

素朴な疑問をユウジにぶつけてみたが、相も変わらずあやふやな答えしか返ってこなかった。

クラフトビールをたらふく飲んだ後、木村さんは高そうなスコッチウイスキーをちびりちびりと飲んでいた。

ユウジは大分前に潰れてしまい、すぐ側で静かな寝息を立てている。

木村さんもそろそろ寝ようと考えていたとき、またしても狐が鳴き始めた。

「こーん、こーん、こーん、こーん……」

先ほどとは違って、今度はかなりの大音量で鳴き続けている。

もしかして建物の中に侵入して鳴いているのではないのか。

そんな考えが頭を過って、すぐ側に視線を送ってみるが、ユウジは相も変わらず静かな寝息を立てながら、実に幸せそうな寝顔を見せている。

しかし、こんな煩い中でよく眠れるな、などと感心していると、鳴き声が一層激しさを増した。

〈いや、絶対、これ、建物の中で鳴いているでしょ！　ひょっとして……〉

木村さんは立ち上がると、見窄《みすぼ》らしい襖の引き戸をガラリと開けて、押し入れの中を覗き込んだ。

その瞬間、唐突に鳴き声は止まった。そして、木村さんは思わずかっと目を見開いたまま、ゴクリと生唾を飲み込んだ。

それもそのはず。何もない押し入れの中、中板の上に、中年男性の首らしきものが横倒しに置かれていた。

頭髪は大分薄くなっており、所々白いものが混じり合っている。

ややふくよかな顔面には深く刻まれた皺《しわ》が多く見受けられ、青々とした髭の剃り跡に加えて、薄黒いシミらしきものが多数存在していた。

しかし、首の切断面らしき部分は深い靄が掛かっているようで、どうなっているかまでは不明であった。

そのとき、カサカサに乾燥した分厚い唇が細くそばめられた。

「こーん、こーん、こーん……」

何処からどう見ても醜いその首から、想像もできないような可愛らしい声が聞こえてくる。

「こーん、こーん、こーん……」

木村さんは両目を見開いたまま何も言うことができずに、そっと押し入れの襖を閉じると、大きな溜め息を一つ吐いた。

「……ちぇっ、眠れる訳ないじゃねえか。クソがっ！」

そう毒づきながら、床にどすんと座りこむと、一人でウイスキーを飲み始めた。

「ユウジのヤツ、相当気に入っているんですよ、あのアパート」

木村さんは頭を抱えた。

どうやら、あの事実を彼に告げるべきかどうか、未だに判断が付かないようであった。

六〇七号室

その会社には社員寮がある。

女性寮はアパートを借り上げたもので、男性寮は会社の近くに建てられたものだ。

何故そのような形になっているか、誰も知らない。


問題は男性寮にあった。

六階の〈六〇七号室〉に入った社員は、それから約一年くらいで出て行ってしまう。

転勤や結婚ではない。退職が理由だ。

理由の殆どが「社内風紀を乱すから、早々に退職してほしい」と通達されるからだ。

要するに、今なら温情で依願退職扱いにしてやるから、である。会社が社員をクビにするのは難しいからこその処置でもあった。

では、何故六〇七号室の人間だけが社内風紀を乱すのか。

この寮に入っていた、井川君に話してもらった。

〈六〇七号室に入った社員は、性格が激変する〉

入寮時に、そんな噂を井川君は聞いている。

問題の部屋で暮らす社員は、幾ら温厚な人間だったとしても数カ月も待たずに暴力的な性格へ様変わりするのだ。

先輩が言うには「新人社員で滅茶苦茶に気弱な奴がいた。それこそ同期からパシリにされるくらいの、虐《いじ》めて君だった。しかし三カ月目から暴力的になり、誰彼構わず怒鳴りつけるような人間になった。六〇七号へ入室してから三カ月くらいだ」。

怒鳴るだけならまだしも、遂に暴力問題へ発展した。

資材置き場にあった鉄の棒で同僚を殴り殺そうとしたらしい。

未然に防げたが、それからも暴力行為は止まず、結果的にこの社員は依願退職で寮を去っていった。入社から一年足らずだった。

他にも似たような話が多く、中には警察沙汰に発展した者も出てしまった。

先輩の同期で、この人は懲戒解雇になっている。

やはり六〇七号室へ入ってから、数カ月で性格が激変した末の出来事だった。

井川君は当然の疑問を先輩にぶつけたことがある。

「寮生活に耐えきれなかったとか、そういう理由じゃないですか？　それに、そんな部屋だと分かっていて、閉鎖もしないんですか？」

予想の範囲内だと言う様子で、先輩が答える。

「まず、寮生活に耐えきれないような奴以外も、そうなった」

詳細は忘れてしまったが、先輩の同期が何らかの理由で、三階から六階の問題への部屋へ引っ越したことがある。入寮から二年目だった。

この同期は基本的に営業向けのお調子者で、メンタルが強過ぎるタイプだ。更に言えば狡賢い人間で、上に取り入り、下は利用するか黙殺する処世術を身に付けていた。

ところが、部屋が変わって二カ月もしないうちに、この同期は問題を起こした。

自分を引き立ててくれていた上司の顔面を殴ったのである。それも罵詈雑言《ばりぞうごん》を浴びせかけながら、何度も執拗《しつよう》に。

結果、六〇七号室に入って三カ月満たないうちに、会社を去った。

「そして、閉鎖に関してだが」

社員寮の人間が団結して、会社へ訴えたことがあった。

もちろん客観的且つ明確な理由を述べられる事柄ではない。しかし、真剣に話せば分かってくれると思っていた。

だが、会社の答えはノーだった。理由は「迷信的で理由にならない」。加えて「逆に、そんなことで騒ぐような社員は査定が下がると覚えておくように」と脅しも入った。

こうなると、黙るほかない。六〇七号室のことを知る人間は、自分があの部屋へ入ることにならないように気を付けるだけであった。新入社員に割り当てられることが大半だったとしても、何がどうなるか分からないのだから。

「だから、どうしようもない」

あきらめ顔の先輩にもうひとつ訊いた。

「六〇七号室に入ると性格が変わると言われ出したのはいつ頃からですか？」

「ああ、ここができて何年か後だから、十五年くらい前じゃないか？　間違えているかもしれないけれど、多分それくらい」


この六〇七号室に悪ふざけで泊まった人間が数名いる。

部屋が空いているときを狙うか、或いは持ち主がおかしくなる前に一晩だけ自室と取り替えてもらうのだ。

井川君も試しに一泊だけ部屋を交換してもらったことがある。

就寝すると、少し変なことがあった。

〈照明を消して寝ようとすると、自分の部屋より狭く感じる。四方からの圧迫感が凄く、

寝苦しい〉

これは井川君だけではない。泊まったことがある人間全員の共通する感想だった。

もちろん、寮の部屋は全て同じ間取りと広さになっている。

井川君は結婚を機に寮を出て、マンションに住んでいる。

後輩から聞いた話だと、寮に改装が入ったらしい。

が、何故か六〇七号室だけであり、エントランスや他の部屋は放置であった。

実は、社員が出て行った直後の六〇七号室を後輩は見た。噂の部屋がどんなものか確認したかったのだ。

「改装するような理由がないほど、普通に綺麗な部屋でしたよ」とは後輩の言である。

二〇二〇に年に寮は突然取り壊された。

新しい寮が建ったが、何故か五階建てになり、六〇七号室はなくなった。

二段目

「何故か皆さん、誘われるようにその引き出しを開けるんですよ」

馨さんの会社で管理する、あるアパートの一室での話だ。

それは所謂事故物件ということだが。

「そうなんですけど、人気物件もあって」

彼女は、間取りの書いた紙を取り出す。

都下にありバス・トイレ別。クローゼットあり。拘《こだわ》りの分かる物件だ。

その部屋で自殺があってすぐに次の借り手がついたが、一年で空きになった。空いたのは借り主の大学の都合で、最初から一年契約だったのだから仕方がない。

問題はその後だ。

指名での内見の予約が数件入っていた他、別の物件を見に来たお客に対して提案することもあり内見は多く——そのうちに馨さんは彼らに共通する行動に気付いた。

「指名のお客様も、そうでないお客様も——殆どの方が内見時に同じことをされるんですね。それがその、チェストの引き出しです」

馨さんはお客を連れて何度も内見に訪れる。

内見時のポイントは三つ。

まず入ってすぐ、水回りの拘りポイント。都市ガスの二口コンロ。水回りは、刺さるお客には間違いなく刺さる。特に女性客。バス・トイレが別となっておりまして清潔を保てます。

次に間取り。彼女は二つの部屋の開放感をアピールする。並んだ部屋のそれぞれに大きな窓がある。御覧ください、二間繋げて使えるんですよ。

そして機能性。充実のクローゼットも、押し入れもある。大きなクローゼットは四枚扉。中に仕切りがなく広々と使える。

「中で左右繋がっておりましてお洋服も沢山収納できます」

クローゼット下部には五段の引き出しのチェストがあった。作り付けではないが、アパートのどの部屋にもある備え付けのものだ。幅は広めでクローゼットの半分近くを占め、高さはせいぜい腰の下までで一段一段は浅い。

大抵のお客はチェストに気付き、「珍しいですね」とか「便利ですね」とポジティブな反応をする。

そして何げなく屈みこんで——引き出しの五段目、つまり一番下の段を開けるのだ。

もちろん、中にはもう何もない。

お客は引き出しを戻し、他の段は開けない。馨さんは「そうですよね」と気のない相槌を打って、話題を変える。

「変なんですよ。皆さん開けるんです。何故か一番下を。一番上ならまぁ、分かりますよ。一番上ならちょっと腰を曲げれば届きますが、一番下は結構しっかりしゃがまないといけないんですから」

それに気付いた彼女は、同僚にも聞いてみた。すると同僚も「ああ、開けるよね」と頷くのだ。

内見者達は年齢性別バラバラなのに、まるで示し合わせたように引き出しを開ける。

他のアパートにも似たような収納が付いていることはあるが、そんなことが起こるのはあの部屋だけ。

「『ちょっと気持ち悪いよね』って。でもそのうち、また少し変わってきて——皆さん下から二段目を開けるようになってきたんです。前の前の借り主が自殺したこともあって、私、内見も厭になっちゃったんですけど」

人気の物件で、唯一空いていたその部屋には次々内見の申し込みがあった。なのに新たな借り手は決まらない。

思えば、前年まで住んでいた学生は急いでいたのか内見せずに契約していたはずだ。

この年、内見者は次々来たが、殆どの人はどことなく居心地悪そうにしていた。彼らはクローゼットを覗くとやはり、誘われるように引き出しの下から二段目を開ける。

「最初の二、三カ月くらいは皆さん一番下の段でした。それが急にその上の段に移ったように思えたんで、『もしかしてそういう噂が流れてるのかな』って」

彼女はネットを調べたが、調べた限りではそのような噂はなかった。それどころか事故物件になった例の事件も、少なくとも住所が分かる形では報道されていない。

何故彼らが皆引き出しの同じ段を開けるのかは不明だ。

何故他の段を開けないのかも。

その日の内見中もそうだった。女性客を部屋に入れるや否やお客自らクローゼットの扉を開き、引き出しの中途半端な段――下から二段目を開ける。

「クローゼットに合うチェストです。小物や下着などを並べて収納できます。カラーボックスですと深いものが」

馨さんの説明を遮って、お客はこう訊ねた。

「これ、部屋に付いてくるんですか？」

そこで馨さんは思い切って訊ねてみることにした。飽くまで自然なふうを心掛けながらだ。

「もちろんです。何かお気に障られることがございますか？　下から二段目を開けていらっしゃいましたが」

いいえ、と女性は口籠もり、やや間を置いて「別に。何となく」と答える。そう言われてしまえばそれ以上の追及は無理だ。

馨さんはやや落胆し、クローゼット内に視線を落とす。

チェストは幅の半分程を占めており、残り半分の場所——そこで二代前の住人は死んでいた。若い女性で、交友関係も多かったため死後間もなく発見された。

馨さんも断片的な情報しか知らない。それでも十分に想像できる。当時の住人は、ハンガーを吊す水平のパイプにビニール紐を垂らし、首を吊った。チェストの上に乗って首に紐を巻き、そこから上半身をクローゼット内のもう半分、空きスペースへと落とした。

発見時、クローゼットの扉は閉まっていたらしい。中で藻掻《もが》いた拍子に開いてしまうことはなかった。扉は、表側に置かれたトランクによってぴったりと封じられていたからだ。

立派な不審死であるが、遺書が発見された。

彼女が僅かな距離を飛んだチェストの、上から二段目からだった。

「多分ですけど——死んだ彼女は、チェストの上で準備を終えて、そのときになって手元に遺書があることを思い出したんでしょうね。仕舞いたいけど、また外に出るのは煩わしいじゃないですか。だから自分の下、手の届くチェストの引き出しに」

どうしてわざわざ遺書を引き出しに入れたのだろうか。

これも想像に過ぎないが、恐らくは遺書が床に落ちて体液などで汚れることを気にしたのだろう。

馨さんはその後も内見に立ち会った。

もちろん、事件の顛末を知っている彼女はなるべく避けたかった。けれど内見したくないだけの部屋なら他にもある。それに逃げるより一日でも早くその部屋に決めてもらったほうがずっと楽になると考えてのことだった。

人気はあるのだから、今日か、明日かには借り手が付くはず——とそう思いながら。

お客が開ける引き出しの段は下から三段目、つまり真ん中の段になっていた。

彼らがさり気ない所作で真ん中の段だけを開け閉めするのを横目に、馨さんはふと気になったことがある。

（——あの二段目って何か入ってたりするのかな）

遺書のあった上から二段目だ。今は当然空になっているはずだが、自分の目で確認した訳ではない。

お客が別の部屋に行ったときやもう一度水回りを見に戻ったとき、馨さんは衝動的に引き出しを開けてしまえと思うことがある。それでも自分で開けるのだけは絶対に厭だと踏み止まる。

お客らが開ける段はどんどん上に来ている。

あと一段。次の段が、遺書の入っていた引き出しだ。

だが、急にその現象は終わった。

「結局一年少しで。皆さんが下から三段目を開けていらしたので、そろそろだと思っていたんですが、急に、借り手が付きまして」

幸か不幸か、馨さんが内見に立ち会わなかったときだった。そのお客は室内を軽く見て大いに気に入り、即日で決めてしまったのだそうだ。

筆者は最後に疑問を差し挟んだ。何故二番目なのか、ということだ。遺書を仕舞うにせよ、一番上のほうが近かったのではないか、と。

「——自殺のあった直後、退去に立ち会った者の話ですけど、一番上の段は御札で一杯だったんだそうです。由来とかは分かりませんが、魔除けに使うような札だったみたいです」

御札が何故引き出し一杯になっていたのかは分からない。社交的な若い女性と、山のような御札とは非常に結び付き難い。ただ、その女性が遺書を御札の間に紛れさせたくないという気持ちは分からないではない。

新たに入居した借り主は、引き渡しの日に苦情の電話を掛けてきたという。

『資料だと、クローゼットの中に備え付けの物入れがあるみたいに書いてあったんですけど、見つかりません。付いてこないんですか』

お待ちください、と電話を取った担当は慌てていた。確認したが、業者といえば電気水道ガスだけで、チェストを取り下げたり移動させた記録はないのだ。

「その日のうちに新品を手配しますって電話したんですけど。『あ、もういいです』って。『ありました』って。それだけ」

その部屋が再び空室になる日を、彼女は恐れている。

おみくじ

村上さんの母上は、元教師である。

子供時分の村上さんは母の厳しく、規律正しい面しか知らなかったが、成長すると母の苦労が分かってくる。家族が寝静まってから、一人晩酌をしていたことを知ったのも後になってからだ。

前後不覚になるまで酷く酔うこともあった。

「母が晩年、酔ったときに話してくれたことなんですけど」

村上先生の受け持った学級には虐《いじ》めはなかった――それが自慢だった彼女にとっても、特殊なケースはあった。

当時、高校二年のあるクラスの担任をすることになった母上――村上先生は、一年次の担任から幾つか申し送りを受けていた。その中には素行や生活に『要注意』とされた生徒もいたけれど、特に虐めとされるような、日常的に繰り返される暴力やいやがらせがあるという報告はなかった。

「それが、どうやら高校の二年のクラス替えで、何か不幸というか……あったみたいなんですね」

虐めのきっかけは些細なことだったのかもしれない。気付いていないだけで、ずっとあったのかもしれない。

いずれにせよ先生はその萌芽にさえ気付かなかった。

「母はその、いつも持ち物がなくなっているとか、机に落書きされているとか、そういうことはなかったと言ってました」

だから当時、村上先生が『もしかして』と思ったとしても、既に手遅れであったのだろう。

夏休みの間に、亡くなった男子生徒がいた。

仮に鈴木君としておく。

「川遊び中の事故だったらしいんです。過去に事故も多くあったところで、状況からして、殆ど自殺や虐めなんていうこととは関連付けられなかったみたいです」

村上先生は嘆いたという。彼女は対応に追われ、忙殺された。

事故発生時、一緒にいた生徒らのケアにも赴いたが、彼らは不思議なほど落ち着いていた。高二の夏ともなれば、進路のことで頭が一杯になる生徒も多い。それを加味して尚、異様なほど他人事に見えた。

空席だらけのお別れ会を見て、先生は漸く何かがおかしいと悟った。

彼女は生徒の死にショックを受け、どうすべきか分からなかったのに――同級生や過去の担任、果ては保護者に至るまで、思い返せば不思議なほど冷淡で事務的だったのだ。

「母は嘆いていました。『生徒を我が子のように』なんて言っても、結局自分は他人で、死んだとなれば周りの反応を見るしか悲しみを知る方法はないんだって。鏡を見て喪服を整えるみたいに」


二学期も深まり、秋に修学旅行があった。

それは修学旅行の二日目、夕食のときに起こった。

「皆さん。食事の前に、一つ言わせてください」

先生はクラス全員を向いてそう切り出す。

鈴木君の死について気持ちに整理の付かなかった先生は、修学旅行の準備中にも一度は『旅行に参加できなかった鈴木君のことを』と話した。しかしクラス中に広がる何か冷たい、シラけた雰囲気に気圧されてしまったのだ。

こうして夕食で、皆畳に座っているときなら言える気がしたのである。

「夕食の前に、鈴木君に黙祷《もくとう》を捧げましょう」

小さくブーイングが起きた。

「捧げましょう」

これが精一杯だった。

短く事務的に言って、生徒らは漸く従った。

俯き、沈黙の時間が流れる。衣擦《きぬず》れの音一つない。

やがて目を開ける直前、誰かが「あっ」と叫んだ。

慌てて目を開けると、生徒らの前に並んだ夕食の膳に、箸が突き立てられている。

最初に気付いたのは、鈴木君が死んだときに一緒に遊んでいたはずの友人ら五人だった。

だがそれ以外にも、同様に箸を突き立てられた生徒は多くいる。

何が起きたのか――先生は生徒らと代わる代わる目を合わせてゆき、彼らにもその意味が伝わった瞬間、一斉に後退って盆から離れた。

背中をぶつけ合う者、後ろの膳に突っ込んでしまう者、立ち上がって転ぶ者。騒然とした。

まるで枕飯――飯に箸を突き立てた、死者への手向けそのものだったからだ。

「でも母は、不思議と落ち着いていたそうなんです。『手を合わせなさい！』と言って――」

今手を合わせなければ一生手を合わせることはできない、と彼女は思ったのだそうだ。

そう言うと生徒らは皆手を合わせたが、鈴木君の死に居合わせた五人だけは、「先生！先生！」と叫んでいた。

何ですか、と彼女が彼らのところへ行くと、皆自分の膳を指差している。

見ると、箸の片方に小さな紙が結び付けられていたのだ。

おみくじに似ていた。


「流石に慌てて、母は回収したそうです」

本能的に、村上先生はそれを素早く回収し、その中身を生徒らには決して見せないことにした。

回収した小さな紙きれは全部で五つ。他にはなかったそうだ。

告発なのではないか、と彼女は期待もした。

念のため、ちらりと中を見てみたそうだが、そこには余り意味のある文字列は並んでいなかった。

「ちらっと見たら、大きな、のたくった鉛筆書きで『きた』とか『みなみ』って読めたらしいんです」

村上先生はそれ以上の詮索をやめた。

「でも捨てることもできなくって、ずっと隠し持っていたらしいんですよ」

その出来事から更に二十年以上過ぎて、村上先生は漸く五つの紙を開いてみたのだそうだ。

「『きた』『みんなみ』、左右反転して『しがひ』、『にし』」

これで四つ。

「最後の一つは――『いつしよ』――それか『一緒』だったそうです」

アイツ

横野君は、ある大工場に再就職した。

大学卒業後に入った会社で人間関係に悩み、退職。

その後、なかなか良い条件の会社が見つからない。

だから、仕方なくこの工場を選んだ。

工場の仕事は体力勝負のものばかりで、長期間働く者は少ない。ただ、給料の額と払いは良い上、住居関係を始めとした手当てが整っている。短期で金を得るには最適な会社と言えた。だから横野君は我慢しつつここで働き、金を貯めながら次の職場を探すことを決めた。

が、このような条件の会社には、素行不良で性質が悪いタイプも多く働いている。それこそ地元の不良上がりだけではなく、素行不良で遠方から逃げるようにやってきた輩も少なくない。

そんな連中は、自分達より弱いと判断した人間をイジリと称して虐め抜く。ストレス解消を兼ねた遊びであるらしい。

大人になっても学生のような人間達に横野君は辟易《へきえき》してしまう。それに対し意見を言う勇気もない。だから、毎日を無事過ごすためにただ耐える他なかった。

もちろんそんな人間だけではないが、正味の話、彼にとって居心地の悪い職場だった。

その横野君とほぼ同時期に入社した男がいた。

椎《しい》という。

年齢は四つ上だったが、小柄で痩せぎすだった。

表情も乏しく、愛想がない。話してみると話題も豊富なのだが、口を利いたことがない連中からは総じて「陰気で無愛想」と距離を置かれた。

時間が経つにつれ、この椎を標的にするグループが出てきた。

椎より年下で、全員十九歳の男達である。チンピラやヤンキーのような分かり易い外見ではなく、どちらかというと、見た目は普通に陽気な感じの人間だが、言動は荒々しかった。聞こえるように椎を馬鹿にした言葉を口にすることから始まり、遂には使い走りをさせられるほどになった。もちろん、裏では暴力も振るっている。顔や見えるところを避けて、パンチや膝蹴りを繰り返されている場面を色々な人間が目撃している。しかし。誰も助けない。自分が的に掛けられたくないからだ。

横野君も、虐められるようになった椎から距離を置いた。
巻き込まれたくなかった。自己嫌悪しながら、それでも自分が大事だった。

ある日、更衣室へ入ると椎がいた。
着替える人間の中、彼は何時までも服を脱がない。
多分、虐めの怪我を見せたくなくて服を脱げないのだろう。
椎を虐めるグループの数名が格闘技を囓り出しており、彼らが言うスパーリングという
リンチを繰り返していることは噂で聞いている。
義憤に駆られた何名かが会社へ密告したらしいのだが、不問に付された。社員同士の諍《いさか》
いには会社から口を出さない、当事者間で話を付けろ、だった。
そして密告者は椎と同じく、暴力と陰湿な虐めで追い込まれ、会社を辞めた。
逆に、椎は会社に残り続ける。虐めがエスカレートしても辞める素振りすら見せない。
(どうして椎さんは辞めないのか?)
幾ら考えても横野君には分からなかった。
椎への虐めが始まって一年以上が過ぎた。

この頃になると、虐めという単純な言葉では済まされない苛烈なリンチが行われていたらしい。らしいというのは、横野君は詳細を知らなかったからだ。

配置転換で、椎と、椎を虐めるグループがいるところから離れたからである。

風の噂レベルは耳に入るが、ただそれだけだった。会社は見て見ぬ振りを続けている。

そんな折、横野君は急に椎のいるところへヘルプに回された。

遅出のスケジュールだったから、午後二時くらいだったと思う。

ラインの警報が鳴り、回転ランプが回り始めた。コンベアが一本ストップしている。工務が来るまで待機になった。

そのとき、工場の騒音を押し退けるように、多くの大声が轟いた。

何事かと声のほうへ近付いた。

油で汚れたグリーンの床に、誰かが蹲っていた。

その人は水溜まりの中に入っていた。水溜まりは赤かった。

その脇で、羽交い締めにされた椎が何かを叫んでいた。

手には先端の尖った短い棒のようなものを掴んでいる。その棒を取り上げようと周囲は四苦八苦しているようだった。

どうやったのか、椎の拘束が緩んだ。

彼はこちらを見た。

いつもの乏しい表情ではなかった。怒りがそこにあった。

右手を前に、横野君に突っ込んでくる。

咄嗟に両手で我が身を護る。右掌に何かが当たった。

寸前で椎は数名に捕まった。

椎とそれを押さえ付ける集団の傍に、あの尖った棒が落ちている。

長さは割り箸くらいだが、二回りほど太い。細長い四角錐の鉄片だ。先端が非常に鋭く尖っている。全体は濡れてベタついているように見えた。

誰かが大丈夫かと声を掛けてきた。突如、横野君の右掌に激痛が広がる。

見れば、掌に深く長い切り傷が一本走っていた。

椎の攻撃を防御したときに付いたものだ。結果、十針縫う羽目になった。


椎が刺したのは、虐めグループのリーダーだった。

不意を突かれたのだと、目撃した人が言う。

「じゃなきゃ、あんなの避けるでしょ。キックボクシングをやってる人だから」

刺した道具は椎の手製であった。グラインダーや金やすりを使い、工場内で出た鉄の廃材を存分に尖らせたものである。

先端の鋭さを思い出す。執念深く削ったことが窺い知れた。

当然、椎は会社を辞めさせられた。精神系の病院へ入ったと誰かが言っていたが、本当がどうか定かではない。

刺されたグループのリーダーは回復後、別の問題が発覚し会社を懲戒免職になった。虐めに加わっていた連中も次々に辞めさせられていく。

これまで見て見ぬ振りだった会社側が重い腰を上げたのは、責任逃れのための行動だろうと皆は苦々しく噂し合った。

しかし、それ以前に横野君には困ったことが起こっていた。

右掌の傷が治らないのだ。

抜糸までは順調だった。が、塞がったはずの傷周辺が偶に熱を持って酷く腫れた。

痛みを我慢し、腫れの周囲に圧力を掛けたり、力を入れて握り込んだりすると傷口が弾ける。手を開くと悪臭を放つ膿がべったり広がっていた。

更に絞ってやると腫れと熱は引くが、一週間ほどするとまた腫れと熱がやってきた。

もちろん病院には掛かっているが、効き目がない。正しく言うなら「熱と腫れが酷くなり、病院へ足を運ぶと診察前に引いてしまう。だから医者も正しい判断ができない」だ。

三カ月ほども続くのは、流石におかしいと思わざるを得ない。

原因は椎の削った鉄片としか考えられなかった。

例えば、付着していた黴菌《ばいきん》が偶々自分の身体に悪影響を及ぼしている、か。

錆びた鉄と言えば破傷風菌だが、病院ではそのような診断は下りなかった。原因が分からないから、薬を飲んで通院してほしいと医者は言った。


新しい就職先が見つかったのは、それから更にひと月後だ。

しかし傷は治っていない。まるで持病のように、右掌に居座っている。

慣れてはきているが、やはり不便さを感じることは多い。通院しても意味がなくなってきたので、この頃は自分でガーゼと包帯、市販薬で処置していた。

新しい職場で働く前に治ってほしかったが、難しいようだった。

工場を辞めた翌日、母親がアパートにやってきた。

どういった用事だったか忘れたが、再々就職に関することだった記憶がある。

迎え入れようとドアを開けると、母親は一瞬固まった。

そして、そっと出て行く。

遠ざかる足音に声を掛けても戻ってこない。何をしているのかと追いかけた。

母親の顔は、引き攣《つ》ったかのように硬い表情だ。

引き留めて訳を聞くが、口が重い。

何でもいいから話せと強く言えば、渋々といった様子で話した。

「アンタ、彼氏がいたの？」

部屋に行くと、息子が男性と手を繋いで出てきた。ああ、これは何か告白されるのだと覚悟しようとしたが無理だった。だから逃げたのだと頭を下げられた。

開いた口が塞がらない。

部屋にいたのは自分だけだ。それに彼氏どころか彼女もいない。

説明に納得がいかないのか、なら部屋へ行こうと引っ張られた。

戻って部屋を隅々まで調べるが、息子以外いなかったことが分かった。

「なら、あれは何だったの？」

こちらが訊きたいくらいだと返せば、母親の顔から血の気が失せた。

何か拙いものを見てしまったと騒ぎ出す。

こんなアパートにいたくないと至極当然の反応だ。近くの喫茶店へ連れ出し、落ち着かせながら、どういうものが見えたのか訊ねる。

大人の男で、本当に生きた人間としか思えない姿だったと答えた。

徐々に興奮が冷めてきたのか、会話がやや落ち着いてきた。

「アンタの右側に立っていて、手を繋いでいた」

母親が言うには〈その男は、しな垂れかかるように息子に身を寄せていた。男は左手で息子の右手を握っていたが、恋人握りのような感じだった。ただならぬ関係であることとしか思えない密着具合だった〉。

母親は顔を曇らせながら続ける。

「百歩譲って息子に彼氏がいたとしても、あれはないわ、って思った」

物凄く貧相な体型の、表情に乏しい陰気な男だったから、と。

頭に浮かんだのは、椎だった。

詳細を訊ねると益々、アイツとしか思えない。

母親に、工場での一件を話している最中、周囲に悪臭が漂い出した。

母親が慌てた様子で使い捨て紙おしぼりを広げ始める。

テーブルの上にあった横野君の右手から、血膿が流れ出していた。

ガーゼと包帯を無視するかのように、隙間からドロドロと滴っている。

おしぼりだけでは足りず、母親のハンカチまで使って拭った。異臭は散らない。当然、周囲の目も冷たい。母親に支払いを任せ、外へ出る。

右腕全体に激痛が走り出した。熱も持っているようだ。

肘も手首も曲げられない。腕が腫れ上がっている。蹲っていると母親が出てきた。

ともかく部屋へ、とアパートへ戻る。

七転八倒したいほどの痛みに耐え、包帯を取った。

掌が粘度の高い血と膿に塗れている。母親が強引に拭った。悲鳴を上げる。その場に這い蹲るしかない。救急車かどうするかと母親が狼狽《うろた》えている。

少し痛みが引いてきた隙を見て、タクシーで病院へ駆け込んだ。

受付が近付くにつれて、腕の腫れが引いていく。痛みもなくなった。いつものパターンだ。急激に細くなる腕を見た母親が、信じられないと首を振った。

結果、診断は「傷口から雑菌が入ったのかもしれないが、現状は酷くない。抗生剤などを出すので、きちんと飲め」だった。

その後、横野君は母親に引きずられるようにして神社へ連れて行かれた。

翌日は、お寺だった。

神職や僧侶に「この子、勤め先でこんなことがあって。椎という人が……」と母親が説明する。お祓いと祈祷がなされた。

以降、右手が腫れて膿むことはなくなった。

あれから五年が経つ。

今も横野君の右掌に傷痕は残る。

腫れたり膿んだりはしないが、寝ているとき偶にグッ、グッと右手を引かれるような感触がすることがあった。目を覚ますと右掌が痺れている。見回しても周りには何もいない。

ただそれだけだが、気持ちが悪いのでそんなことがあった後は神社へ行く。何がどうあったということはないが、念のためだ。

しかし、今度は母親に異変が起こり出した。

時々、おかしなものを見るようになったのだ。

実家の庭や家の中を歩く男の姿が一瞬だけ目に入ることがあるらしい。

前、アパートで見た奴かと訊くのだが、母親は分からないと答えた。

大体後ろ姿なので、顔は見えないと首を振る。小柄で痩せぎすであることだけははっきりしているが、直接知らないのでそれが椎だと決定づけられないのである。

時々、神社やお寺へ行くようだが、それでも男の姿が目に入る。

自分はおかしくなったのではないか、それか椎という男が今度は自分に来ているのではないかと、母親は不安を口にするようになった。

そんなとき、横野君はいつも決まった言葉でフォローを入れる。

〈お母さん、椎は病院へ入ったらしいんだ。その後、アイツがどうなったか誰も知らない。死んでいるかどうかも分からない。そんなことだから、何かできる訳がないと思う。お母さんのは、単なる気のせい、見間違えだよ〉

論理的に破綻しているとは思う。しかし、半分は本心だ。

先日も横野君は見えない何かに手を引かれた。ほぼ同時期に、母親は男の姿を見た。トイレの前だったらしい。

そんなとき、彼はいつもこう思う。

――アイツ、何なんだ。もし死んでるなら、早く成仏しろ。迷惑を掛けるな。

四方八方

中部地方のある旧家に、こんな話が伝わっている。

〈奥にあるほうの客間で寝ると、夜中、身体が四方八方に広がる夢を見る〉

ここへ泊まると十人のうち、六人ほどの割合で見る。

六畳半ほどの和室で、北側に窓が切ってある部屋だ。日当たりが良くないせいか、寒く、湿気が酷い。だが、黴《かび》は生えない。

過ごし難い場所なのに、何故客間に充てているのだろうか。

旧家の人間曰く「家の者がそこで起居すると体調を崩すか、病を得る。下手をしたら寿命をすり減らすような大病のときもある。使わないのももったいないので客間にしている」。

とはいえ、気持ち悪がる人間もいるので余り使われない。

あるとき、物置にしたらどうかと一度納戸《なんど》代わりにしたこともあった。

その日から、家に住む家族のうち、年若い人間から順に高熱を出して寝込んだ。

残りが当主とその妻になったとき、部屋を片付けると全員回復したという。

何故、そんな部屋があるのか。

旧家とはいえ古文書や詳細、口伝は残っておらず、「ただこういう部屋である」としか伝わっていなかった。


この部屋に泊まった人がいる。

平成の時代、この家の息子さんと友達だった男性だ。

仮に男性を山野、息子さんを浩太郎とする。

山野さんは当時高校生で、興味本位の行動だったようだ。

季節はちょうど真冬だった。部屋の前で、浩太郎が言う。

「一応、本当だという話だから」

彼は真顔だ。家の人間は体調や病の関係があるので、おいそれと試せない。だから自分で体験はできないのだと説明された。

デリバリーのピザを食べた後、浩太郎の部屋でゲームを行う。

午前三時を過ぎた。流石に眠いので例の部屋へ入る。

すぐ眠りに落ち、そして夢を見た。

起きてすぐ、夢の内容と寝るまでのこと、起きた後のことを携帯に残しておいた。

以下はその内容を纏めたものである。

〈布団に入ると寒かった。ファンヒーターはオンにしているのに。エアコンはない。

これは眠れないかもな、と考えていると、あっという間に睡魔がやってきた。すぐに眠ったっぽい。

言う通り夢を見た。

リアルな夢で、その部屋の布団に入った状況そのままだった。

蛍光灯が点いていて明るかった。

仰向けのまま、ああ、夢を見ているなと自覚した瞬間、身体が広がった。

部屋の床面全体に薄く伸びたような状態だった（一人称視点なのに、それが分かったのは夢だからか）。

四方八方に広がるというより、自分が瞬時にカーペット化したような感じ。

引っ張られる、広がっていく感覚ではなかった。

夢から覚めるとやはり酷く寒い。電灯を点けると、ファンヒーターのタイマーが消えていた。部屋の中で息が白かった。

布団から出たとき、貧血のようになって一度その場にしゃがみ込んだ。少ししたら、元に戻った。起きたときこんな具合になったのは初めてだ〉

浩太郎に報告する。本当だったんだと驚いた反面、少し訝しげな顔をした。

「元々情報をインプットしてから寝たのだから、その記憶が影響して、そんな夢を見たんじゃないだろうか？」

一番信じていないのは浩太郎なのではないかと思いつつ、確かにそうかもしれないと納得した。ただ、とても印象的な夢で、強く記憶に残った。


それから十数年経った。

二度目の高校の同窓会で、山野さんは浩太郎に会った。

最後に会った七年前より、明るい顔をしていた。

二次会か三次会で、浩太郎の隣に座ったとき、ふとあの「身体が四方八方に広がる部屋」のことを思い出し、思い出話として振ってみた。

一瞬、浩太郎は驚いた顔を浮かべ、そして「ここだけの話だ」と教えてくれた。

「三年前だよ。あの部屋に、祖母ちゃんを寝かせるようにした」

彼のお祖母ちゃんは認知症を患い、家族全員で世話をすることになった。次第に症状が進んでいくにつれ、どうしようもなくなってくる。夜中に雄叫びを上げる、家族の顔を忘れ、殺されると叫びながら外へ走っていく。物を壊す。糞尿を漏らす。漏らした糞を壁に塗りたくったり、食べたりする。自らを傷つけることもあった。少し目を離すと家の外へ行き帰ってこない。他、枚挙に暇がない。

「だから――あの部屋にね」

問題の客間に介護ベッドを入れ、そこで眠らせるようにしたという。

初日から夜中に叫ぶようになった。認知症による叫びではなく、明らかに何かの意図を秘めた、言葉混じりの叫び声だった。例えば、「助けて」や「痛い」だ。

近所から少し距離があるから迷惑にはならないと、家族は我慢する。

夜中の叫び声は数日で収まった。

そして、一カ月を待たずにお祖母ちゃんは帰らぬ人になった。

朝、様子を見に行くと、介護ベッドの下で急死していたのだ。

浩太郎は特に感情を込めずに言った。

「発見したのは僕だよ。心臓だったたって」

そのとき少しだけ気になったのは、介護ベッドが北側の窓のほうへ少し移動していたことらしい。畳半畳分くらい、だろうか。

認知症のお祖母さん一人で動かすには難しい。だから、どうやって動かされたのか、未だ分からないと彼は首を傾げた。

「もうひとつ、分からないことがある」

例の客間にお祖母さんを寝かせたが、その際、入り口に施錠などしなかった。もちろん、ベッドに縛り付けることも行っていない。なのに、お祖母さんはあの部屋から出てこなかった。家族が無理矢理引きずり出さないといけなかったほどだ。

「そうそう。あと、あの部屋に寝るようになってから、日、一日と祖母ちゃんの頬が削げ落ちていって、目がドロドロに濁っていったんだよね」

でも、あの部屋、ホントに僕らの血筋には何かあるんだな。ずっと信じていなかったけれど、今は信じられるよ——そう言って浩太郎は微笑んだ。

お祖母ちゃん

新沼さんの祖母は、足を折ってから寝たきりになった。

それがきっかけで認知症が出てしまった。彼女が社会人になりたての頃である。

家族全員でフォローする毎日だったという。


ある日曜の午後、彼女は祖母の手足をさすっていた。

寒いね、冷たいね、温かくするねと語りかけながらだった。

祖母がトロトロと眠りかけたので、布団を掛け直す。起こさないように足音を忍ばせて出て行こうとしたときだった。

〈富山の男は、まいね〉

祖母の声がした。その声には、寝たきりになる前の〈張り〉があった。

振り返ってみたが、祖母は眠っている。寝言だろうか。

(富山？　まいね？)

まいね、は駄目という意味の方言である。祖母が生まれた土地のものだ。

どういうことを意味するか分からなかった。

後日、新沼さんは先輩社員と付き合うことになった。

寝たきりの祖母がいるから、いつもすぐに会えないことも笑顔で承知してくれた。いい人だなと思った。が、少し前の〈富山の男は、まいね〉を思い出す。

誤魔化しながら訊いた先輩の本籍地は静岡県で、富山と無縁だった。

だが、先輩と付き合い出してからの彼女は、不運が重なった。

予想しない出費が重なったかと思えば、財布を落としたり、物を盗まれたりした。

更に友人知人を立て続けに三人亡くした。同じ歳の女性達だった。

意気消沈の日々の中、祖母の手足をさすっていた。

また祖母の〈富山の男は、まいね〉という声が聞こえた。

顔を上げると、彼女がこちらを見つめている。

目を見開き、何かを睨み付けるような怒りの表情だ。

思わず謝ってしまった。すると祖母はにっこり微笑み、そのまま眠った。

直後、先輩のほうから「別れたい」と連絡が入った。

やはり、会いたいときに会えないのは厭だ、と言う理由だった。

特に縋ることもなく付き合いを解消する。新沼さんは、自分で思っていたよりも先輩に対して執着していなかったことを、このとき思い知った。


その後、先輩は関西の支店へ転勤し、一年ほどして、行方知れずとなった。

社内の噂では、大阪で出会った訳ありの女性と逃げた、らしい。

数年後、先輩の遺体が富山で発見された。自死であった。女性はおらず、独りだった。

先輩の死から数年後、祖母は不帰の旅へ旅立った。

思い出すのは〈富山の男は、まいね〉だ。

結果的に先輩は富山で亡くなったが、そのことではないような気がしている。もちろん説明はできない。単なる勘だ。


現在、新沼さんはある男性と婚約した。

相手が住んでいるのは関東で、本籍地は秋田だった。

だから祖母から〈まいね〉と言われることはないと思っている。

＊

上妻さんの父方の祖母が急死した。

七十代だった。

亡くなる直前まで友人達と趣味に没頭したり、自宅の庭に作った家庭菜園で野菜を栽培したりと元気であったから、正に青天の霹靂《へきれき》と言えよう。


祖母の死後、手入れする者のなくなった家庭菜園は荒れ放題になった。

残された祖父が、見るに忍びないと菜園の処分を始めた。

彼女がその手伝いをしているとき、土の中に何か埋まっているのを偶然見つけた。

陶器の蓋付き壺だ。

その辺りホームセンターで売っているような代物で、ガムテープやビニールテープなどで蓋が固定されていた。価値はなさそうだ。

祖父の了解を受けて、蓋を開けてみた。

中には書類入れのような封筒が幾つか入っている。

封をした後、折りたたんだような形だ。

伸ばして封を開けると、中から写真や紙が出てきた。

写真は母親の若い頃のもので、多分結婚直後。家族写真から切り取られたもののようだ。

下腹がカッターか何かでズタズタに切り裂かれていた。

紙には母親の旧姓の名前があり、姓名判断のような物が書き込んであった。

その上から、大きくバツが描かれていた。

どれも明らかに禍々しい意図を感じる。

壺があったのは、結実するタイプの野菜を植えていた土の下だった。

上妻さんは祖父の顔を見た。何とも言えない表情だ。

二人は壺と中身を処分し、このことは黙っておこうと決めた。

その後も家庭菜園から幾つかブリキ缶が出てきた。

何故か激しく腐食しており、中身も土に還っていたので何が入っていたかは分からない。

実は、上妻さんの母親には子宮がない。

彼女を生んだ後に病に罹《かか》り、手術を受けたのである。

畑の壺との因果関係は分からない。

あの菜園で採れた野菜は、上妻さんとその両親も食べていた。
今になっても、やはり良い気分のするものではなかった。

朝に夕に

木下君は、会社の休みにソロツーリングへ出かけた。

春先に買ったバイクに慣れた頃だった。


自宅を出て、西へ進路を取る。目的地へは山二つ越えた場所だった。

山道へ入り、アクセルを開ける。調子は上々だ。下りに変わった。なだらかなカーブの連続は走っていて気持ちよい。

懸念事項は若干寒いことか。五月で天気は快晴だが、空気が冷たい。

インナーをもう少し着込むべきだったかと後悔しつつ、急に曲がったカーブに突入する。

バイクの車体を右に倒した。

目の前に、異様なものがあった。

人だった、と思う。

白く長い髪、血の気のない乾燥した肌、だらしなく垂れた乳。軽く曲がった腰。そして下腹が膨らんでいる。

瞬間的に（老人だ）と判断した。
避けられない位置と速度だった。
何とか回避しようとした瞬間、車体ごと宙に舞う。
空中に投げ出され、路面を見下ろす形になった。
こういうとき、脳がフル回転して周りがゆっくり見えるというのは嘘だ。
が、何故か道路の一部を覆い隠すように、人の顔が貼り付いているのが目に入った。
平面で、まるでポスターを敷いたようだ。
きっと一文字に結んだ口と、細く冷徹そうな目と眉をしている。
縦の辺は普通車の全長程度。横は左右の車線を覆い尽くすほどだった。
その顔は、木下君の亡くなった祖母だった。
刹那の出来事なのに、それが完全に理解できた。
(何故)
理由を探す間もなく、アスファルトに叩きつけられる。
呼吸が止まりかけた。全身がバラバラになりそうに痛み、立ち上がれない。
声すら出せず地面に転がるしかできない。
頭の中では、ヤバい、痛ぇ、ヤバい、痛ぇが繰り返される。それだけしかなかった。

フルフェイスのヘルメットが息苦しい。脱ぎたいけれど、腕が動かず脱げない。

俄に空が掻き曇り、大粒の雨が降ってきた。容赦ない雨粒が全身に降り注ぐ。大きな音を立て、叩きつけるような勢いだ。身体が麻痺しているのか、衝撃は感じない。

一気に体温を奪われていく。ああ、これはもう駄目なんじゃないか。

自然に目を閉じる。すぐに暗転した。


顔に掛かる雨で目覚めた。

いつの間にか、シールドが開いている。

まだ雨脚は強い。分厚い雲があるのか、視界が暗かった。

誰かが覗き込んでいた。

亡くなった祖母だった。

細い目を更に細めて、眉尻を下げていた。

心配する表情ではない。生きている頃、叱責するときによく見せた「それ見たことか」という顔だ。

厭なツラだ、と思う。正直、物心付いてから祖母のことが大嫌いだった。

だからだろうか、何でここに死んだ人間がいるのか。そんな顔で覗き込んでいるのか、と考えるより先に、罵倒が浮かぶ。

あっち行け、婆ァ。ウゼえんだよ、糞が。そう言いたいが、口が動かない。

祖母を睨み付けようとしたとき、あることに気付き呼吸が止まりそうになった。

動物の身体に祖母の頭が乗っているのだ。

白い山羊の身体か。しかし痩せているのか肋骨が浮き出している。

何故今まで気付かなかったのか。視界に入らない訳がないのに。

戦《おのの》く中、祖母が顔を近付けてくる。そして、ヘルメットの中へ舌を伸ばしてきた。

臭い。発酵し過ぎた漬け物と、掃除されていない汲み取り式公衆便所の臭いがした。

避けようとしても身体が自由にならない。

ぎゅっと目を閉じた。

そこでまた意識が飛んだ。


「――い！　おい！　おい！」

目を開けると、若い男が心配そうに覗き込んできている。

周りは明るい。雨は止んでいた。

救急車を呼んだからな、という言葉に安堵したのか、再び気を失った。

次に意識を取り戻したのは、病院だった。

麻酔のせいか何か知らないが、何度も短い覚醒を繰り返す。漸く状況が飲み込めるようになったのは、二日後だった。

怪我は、左手首骨折、右足首の罅《ひび》、打撲多数だった。

バイクは全損で、バッグに入れておいたスマートフォンは完全に壊れていた。

助けてくれたのは運送業の男性だ。配送トラックで走っているとき、路上に何かを発見した。壊れたバイクだった。これは事故かと速度を落とすと、そこに人が倒れていたので救助してくれた——ということだった。

退院後、動けるようになってから、その男性にお礼を言いに行った。

そのときの会話に齟齬《そご》があった。

木下君の記憶では、事故後に雨が降っていた。

しかし運転手の彼は「雨が降った記憶はないし、発見時に路面も乾いていた。季節的に短時間で乾燥したとも思えない」と言う。

ただ、と彼がこんなことを口にした。

「いや、おかしいなと思ったんですよ。全身濡れているから。でも血とか……失礼ですが、小便でもなかったから、何でだろう？　って」


身体が回復してくるにつれ、改めて色々なことを思い出した。

路上にいた老人は、転んでから姿を見ていない。何処へ行ったのか。

道路上に広がっていた祖母の顔は、何だったのか。

そして、山羊の身体に乗った祖母の頭は、一体どういうことなのか。

理屈を付けるには、余りに突飛なことばかりだった。

(これは、事故をしたことで脳内に変な分泌物が出て見た幻覚)

そう処理をして終わらせた、筈だった。

復職後、様子を見に母親が自宅アパートまでやってきた。

もうバイクは乗らないほうが良いと心配している。確かにそうだが、それでもまだ新しいバイクを買おうと思っている自分がいた。

気取られないように話題を変えようと、何となく事故時の幻覚の話をしてしまった。

母親の顔から一瞬血の気が引き、そしてすぐに赤くなった。

何となく目が嗤っている。

「お、あの婆ァ、そうなったんだ」

自分が事故時に見た、亡くなった祖母は父方の人間である。

祖母は嫁入りした母親に辛く当たっていた。それこそかなり行き過ぎたレベルの嫁いびりだったようだ。木下君もその場面を何度か見ている。人格否定からプライバシーの侵害、そして暴力も含んでいた。多分それ以上の何かをしていたことは想像に難くない。それに、よく考えると木下君も酷く虐められていた。

父親は父親で、祖母を庇う。多分、祖母が上手く誤魔化していたか、マザーコンプレックスを拗《こじ》らせていたせいだろうと思う。

だから、祖母が大嫌いだったのだ。

しかし、何故「そうなった」なのか。母親に訊いてみる。

「ああ。実は、アイツが死んだとき、こんなお願いをしたの」

祖母の葬儀の席で、母親は願った。

(この婆ァを地獄へ落としてください)

以降、朝に夕に、更に法事のときも繰り返した。地獄へ落ちろ、帰ってくるな、と。

ふと我に返ったような口調で、母親が呟いた。

「でもこの世に出てきているし。畜生になっているくらいか」

まだ願いが足りないね、と笑った。

返す言葉がない。狼狽えていると、母親は急に怒り出す。

「しかし、何でこの子を事故に遭わせたのか。アイツは死んでもそんなことをするのか。何時までも糞は糞なのか」

宥めてみるが、勢いは止まらない。これは吐き出させるだけ吐き出させたほうが良いと判断し、話を合わせた。その途中、これだけ辛い目に遭っても、庇ってくれない父親と離婚しなかった理由が分かった。

「アイツと別れると、朝夕の仏壇と、法事で地獄落ちを願えないから」

唖然としていると、母親は大きく深呼吸した。

気が済んだのか、話を切り替えるように全く別の話を笑顔で始めた。

今、木下君はバイクに乗っていない。

そして、いつも空に向かって、朝に夕に願う。

――母親が、地獄に落ちませんように。

笛の音

中渕さんが中学一年のときの話である。

山間の、何処にでもあるような田舎であった。地域の方針で祭り囃子には若年者を割り当てており、その年は彼の中学がやることになっていた。

祭りで笛を吹くことになった彼は、自室で練習をしていたのだそうだ。

「祭りって言っても町内会のやつで、観光客が来るようなやつじゃないよ。本当は男子の花形、太鼓が叩きたかったんだけども、小六のときリコーダーで賞取っちゃってたから、『笛やってくれ』って回されたんだ」

彼に渡されたのは立派な篠笛《しのぶえ》だ。

リコーダーと篠笛ではまるで勝手が違う。音を出すだけでも難しい。楽譜らしきものもまるで読めない。

最初は投げ気味だった彼も、やがて祭りが近付くにつれ焦り始めた。他の子達が上達してきたからである。彼にも入賞者というプライドがあった。

「とにかくそれっぽい音だけでも出せるようにならなきゃならんと。失敗するにしても、目立たないように失敗する方法があるもんだろ？」

それが一番難しいのだが。

「音楽会って訳じゃないんだ。何とか目立たないように、それっぽくなろうと――」

彼は必死で練習を始めた。

ところが本気で練習を始めて間もなく、翌年に受験を控えた姉から猛烈な苦情が入った。苦情の内容は書くのが憚られるほどで、親二人、更には老いた祖父までが止めに入る苛烈なものだった。

家で練習ができなくなってしまった彼は困り果て、少し離れた山の中で練習するようになった。

離れたと言っても殆ど家の裏山のようなところで、父によると昭和の初め頃には尾根沿いに道があって民家も何件かあったというが、今では何もない雑木林が広がる。

彼はそこに入り込み、ここまで来れば姉に怒鳴られることもないだろうという山中で、存分に笛の練習を始めた。

始めはやはり、へろへろ、かすかすとした音しか出なかったという。

「思い切りよく吹けば、これは案外と自分のもののような気がしてくるもんだよ」

次第にコツを掴めそうな感覚を得た。

こうなると、指導の先生らの言うこともよく分かるようになってくる。

みるみる上達、とまではいかなかったが、少なくともやり甲斐を感じるようになっていた中渕少年は次第に山へ籠もる頻度や時間が増えていった。


ある日、彼は練習に夢中になって、気が付くとすっかり夕暮れになっていた。

既に譜面が読み難いほどだ。

彼が最後に軽く音出しをして帰ろうと笛を吹くと、まるでその音に応えるように笛の音が返ってきた。

それは彼の出した掠れた音よりも数段美しく、空から降り注ぐように響く。

思わず彼は仰ぎ見た。

誰もいるはずはない。恐らく鳥か何か——でもこんな暗くなってから鳴く鳥がいるのだろうかと思った。

更に、いつもなら聞こえてくるはずのミミズクや虫の声は全く聞こえない。

彼はもう一度笛を吹く。するとまた木々の間から美しい笛の音が返ってきた。

「祖父ちゃんに話したら、『そりゃヌエジナイだ』って」

ヌエジナイ。一般的にはトラツグミや鵺《ヌエ》と呼ばれる鳥だ。

ヒョーヒョーと笛のような声で鳴く。

日本中に広く分布し、別名も多い。そして平家物語に現れる怪物——頭は猿、胴は狸、尾は蛇で手足は虎——もまた、その鳴き声から鵺《ぬえ》とも謂われる。

「尤も中学に上がったばかりだったから。鵺って妖怪だって思うじゃないか。俺はもう、舞い上がっちゃったよ。『裏山に妖怪がいるんだ！』って」

祖父からは暗くなってから山に入ってはいけない、鵺にも近付くなと釘を刺されたようにも思うが、いずれにせよ彼はその忠告を聞き入れなかった。

中渕少年は、むしろ積極的に夕闇の迫る頃に練習に行くようになる。


その日も彼は一人、山へ分け入っては背の高いスギの間で笛を吹いていた。

木々の梢からは飛び立つ鳥の姿。それが去った後は一層の静けさが辺りを包んだ。

やがて調子が出てくると、彼の音に合わせるように木々の奥から笛の音が、これまた返してくる。

鬱蒼《うっそう》と陰りつつある森の奥がだ。

それが笛の音を返してくるとき、他の生き物の気配は一切なくなる。

彼は楽しくなっていた。孤独な練習の途中のはずが、まるでコンクールの聴衆に聴かせているような、それでいて鳥達は決して難しい顔をしたりしないのだ。姉のように激怒したりもしない。

祖父の忠告など頭の片隅にもなく、彼は一歩、また一歩と奥の暗がりへと踏み込んでゆく。

笛を奏でながら――そのときだ。

プヒュー、と音が萎んだ。自分の笛である。

慌てて笛を離すと鋭い痛みがある。どうやら笛に唇が貼り付いてしまっていた。

それまではなかったことだ。彼は狼狽える。

しかし旋律の続きは森の奥から聞こえてきた。

祭り囃子だ。

漸く読めるようになったその譜面の先を、気付くと鶉の鳴き声のほうが奏でているのだ。

幾ら妖怪としてもそんなことがあるのだろうか、と彼は漠然と思う。いや逆に妖怪だからこそ、祭り囃子の旋律を知っているのか、とも。

唇の血を拭って、再び続きを始めようとしたがやはり音が出ない。震えた擦過音しか彼の笛は鳴らさないのだ。

彼は一歩たじろいた。

森の奥で、獣道の先から下生えの葉がカサリと動いたからだ。

何かが近付いてくるような気がしたのだ。

(――動物?)

それは明らかに動物の動きに見えた。

しかし現れたのは、白装束を着た人間の、男である。ざんばらの長髪、毛むくじゃらの脛《すね》が目に付く。年齢はまるで分からない。

固まっていた中渕少年は驚き、咄嗟に逃げようとした。しかし、立ち去ろうとした足が思わずぴたりと止まってしまう。

男が、手に笛を持っていることに気付いたからだ。

とても長い篠笛だった。

「漫画で見るのとは違ったけど、何となく天狗かなと思った。逃げなかったのはシンパシー……っていうのもちょっと違うか。単に気になったのかな。どんな音がするのか、男が何者なのか」

今にして思えば修験者か何か、そうした者に思えるというが。

男は笛を横に構えながらゆっくりとこちらに近付いてくる。距離はまだ十分あった。

中渕少年は逃げようと身構えつつ、息を殺して男の音を待つ。

男は少年をまっすぐに見据え、『お前も』と言わんばかりに笛を口元に当てたまま悠然と頷いた。

思わず彼も笛を口にした。

怯え、掠れた音が少しだけ出た。

すると――男は笛を吹く。

幾重にも重なった、豊かな音だ。中渕少年は圧倒された。

一体、どうすればあんな音が出るのか。旋律を五感で、その所作を目で捉える。

それは人ならざる音色だった。それとも修練を積めば、いつか自分にもあんな音が出せるのだろうかと彼は思う。

彼は魅了され、取り込まれそうな感覚さえあったが――ふと、突き放されたような気がした。余りの技量の差に打ちのめされたからである。

そして気付いた。

男は一人ではなかった。沢山おり、それが重なっているのである。背後のほうに無数の男の姿が連なっていて、それらが僅かにずれて見える。

最初に現れたとき、男は確かに一人だった。あの脛毛だらけの足の向こうには何もなかったのだ。

やがて吹き終えた男が笛を離すとき、背後から重なった腕がワッとバラけ、腕が何十本もあったことがはっきりと分かった。

その腕、一本一本に同じ笛を携えている。

——人間じゃない。

中渕少年はそう直感した。

慌てて彼が逃げ出す間、ずっと背後から笛の音が背中を追っていた。

途中、彼を探しに来た祖父に酷く怒鳴られ、担がれて山を下りる間もだ。

「——祖父ちゃんには、妙な男も、笛の音も分からなかったってさ。山からは、ヌエジナイの鳴き声がしてただけだっていうけど」

彼は音楽の道を進んだ。

その後も世界のあちこちで様々な美しい音色に出会ったが、あの山で人ならざるものの奏でる音ほど彼を魅了するものはなかったという。

あの山で見た無数の腕、その腕の先の笛。思い出すと恐ろしい景色であったには違いない。

それでも。

「今でも時々山へ行って、笛を吹くんだ。いつかまた、あれが俺を迎え入れてくれるんじゃないかって」

あとがき

二〇二二年は寅年です。

三十六年に一度の、五黄の寅の年でもあります。この五黄の寅生まれの人は、生まれつき非常に気が強い、とか。

ここで言う「気が強い」は強気である、強情である、あつかましい、などらしいのですが、それだけではなく運気が強いなどという側面も表すケースがあるようです。

個人的に、気が強い＝生きる力（生命力）が強い、と考えます。

気を強く持てば、おかしなモノを弾き返せるという話も耳にしていますしね。

「五黄の寅生まれなら、生まれつき気が強いからいいなぁ」とお考えになる読者諸兄姉もいらっしゃるでしょう。ところがここにカラクリがあります。生まれつき強いことがあるのなら、生まれた後に強くもできる——そんなふうに捉えることもできるわけです。

皆様、二〇二二年も気を強く持っていきましょう。

久田樹生

あとがきという名の駄文

本年もまた、「超」怖い話の季節がやって参りました。

実話怪談本に加えて、好みの酒と肴があったら、何と言うか、もう堪らん、って感じですかね。

まあ、それはともかく。昨今より急増している巣籠もり需要にも適した愉しみ方ではないですかね、などと個人的には思うわけです。

ここに書かれている恐怖、それはそのほとんどが遠い世界の誰かの話ではなく、ごく身近な人々の話を集めたものです。

それを欲して已《や》まない好事家の皆様には、この身近に転がっている恐怖を是非とも御堪能いただき、そして何卒今後とも御贔屓《ひいき》いただきますようお願いいたします。

最後になりますが、今回もまた新たな恐怖を皆様にお届けできる僥倖に恵まれたことを、嬉しく思います。

それではまた、元気な姿で皆様にお目に掛かれる日を手薬煉《てぐすね》引いて待っております。

渡部正和

あとがき

厳しい時流の続く中、貴重なお話をくださり、また本書を手に取られた皆様に感謝を。

先日久しぶりに温泉に行って参りまして、誰もいなかったのでプカ～っと浮いて星を見ました。やっぱり良いものですね。

その後地元メンと思しきお客がぽつぽつ入ってきたので人間らしく沈んでいたところ、否応なく会話が耳に入ってきますので『この辺じゃ近頃は何が流行ってるのかな』と聞き耳を立てておりました。すると何だか全員葬式の話ばかりしてるんですね。どこそこに葬式行ったとか明日はここで葬式だとか。

もう話題が葬式しかない。知らないうちに世間は葬式だらけになっていた。

二〇二二年は少しはマシな年になるといいですね。

本年もよろしくお願い申し上げます。

深澤 夜

五十巻

僕の数え間違いがなければ、今巻で「超」怖い話はシリーズ通巻五十巻に到達しました。

これは、「勁文社版・無印新書版を第一巻とする」「勁文社版・文庫版無印「超」怖い話、続「超」怖い話を、新書版と同内容の復刻としカウントしない」「竹書房版での復刻クラシック、別枠の単著はカウントしない」「原則、ナンバーズ（フラグシップとされるもの）のみでカウントした場合」となります。何かとややこしいのは申し訳ない。

『「超」怖い話Ω』（二〇一三年刊・松村進吉）の後書きで、松村君は「加藤はシリーズ継続に対して使命感、義務感を持ち、新たな執筆者を増やし、継続から拡散を目指した。空恐ろしい執念を感じる」というようなことを綴っていました。それは当たりかも。

僕個人は、決して多作な怪談作家ではありません。が、「超」怖い話が今後も終わらずにずっと続くにはどうしたらいいか、そればかりを考えているのは確かです。偉大なる先達が去った後も、ずっと続く「超」怖い話。このまま、あと三十年続けて百巻を目指そうかと真剣に考えていますが、皆さんこの先もお付き合いいただけますか。

二〇二二年　一月

加藤　一

本書の実話怪談記事は、「超」怖い話 寅のために新たに取材されたもの、公式ホームページに寄せられた投稿などを中心に構成されています。
快く取材に応じていただいた方々、体験談を提供していただいた方々に感謝の意を述べるとともに、本書の作成に関わられた関係者各位の無事をお祈り申し上げます。

「超」怖い話公式ホームページ
http://www.chokowa.com/
最新情報、過去の「超」怖い話に関するデータベースなどをご用意しています。

「超」怖い体験談募集
http://www.chokowa.com/post/
あなたの体験した「超」怖い話をお知らせ下さい。

「超」怖い話 寅

2022年2月7日　初版第一刷発行

編著……………………………加藤 一
共著……………………………久田樹生、渡部正和、深澤 夜
カバーデザイン……………………………橋元浩明（sowhat.Inc）

発行人……………………………後藤明信
発行所……………………………株式会社　竹書房
〒102-0075　東京都千代田区三番町8-1　三番町東急ビル6F
email: info@takeshobo.co.jp
http://www.takeshobo.co.jp
印刷・製本……………………………中央精版印刷株式会社